CULTURA & ELEGÂNCIA

*as artes, o mundo
e as regras sociais*

CULTURA & ELEGÂNCIA

*as artes, o mundo
e as regras sociais*

Moacyr Scliar • Daniel Piza • Júlio Medaglia
Carlos Calado • André Domingues • Luciano Ramos
Dalal Achcar • Marialice Pedroso • Alberto Guzik
Dad Squarisi • Luiz Trigo • Jaime Pinsky
Célia Leão • Mara Salles • João Braga

Apresentação **Eleonora Rosset**

Organização **Jaime Pinsky**

Ilustração da capa **Silvio Oppenheim**

Ilustrações internas **Sergio Kon**

4. edição revista

editora**contexto**

Copyright© 2005 dos autores
Todos os direitos desta edição reservados à
Editora Contexto (Editora Pinsky Ltda.)

Projeto gráfico e diagramação
Marina Watanabe

Preparação e textos de apoio
Lira Neto

Revisão
Lilian Aquino
Juliana Ramos Gonçalves

Dados Internacionais de Catalogação na Publicação (CIP)
(Câmara Brasileira do Livro, SP, Brasil)

Cultura e elegância / organização Jaime Pinsky;
apresentação Eleonora Rosset. – 4. ed., 2ª reimpressão. –
São Paulo : Contexto, 2024.

Vários autores
ISBN 978-85-7244-715-7

1. Conduta de vida 2. Cultura 3. Etiqueta 4. Moda
I. Pinsky, Jaime. II. Caldeira, Eleonora Mendes

05-5833   CDD-391

Índices para catálogo sistemático:
1. Cultura e elegância : Vida social : Costumes   391
2. Elegância e cultura : Vida social : Costumes   391

2024

EDITORA CONTEXTO
Diretor editorial: *Jaime Pinsky*

Rua Dr. José Elias, 520 – Alto da Lapa
05083-030 – São Paulo – SP
PABX: (11) 3832 5838
contato@editoracontexto.com.br
www.editoracontexto.com.br

Proibida a reprodução total ou parcial.
Os infratores serão processados na forma da lei.

"Elegância é a arte de não se fazer notar, aliada ao cuidado sutil de se deixar distinguir."

Paul Valéry

APRESENTAÇÃO **|** Eleonora Rosset 11

CONHECER AS ARTES

O QUE VOCÊ PRECISA LER

Ficção **|** Moacyr Scliar 19

Não ficção **|** Daniel Piza 37

O QUE VOCÊ PRECISA OUVIR

Clássicos | Júlio Medaglia 51

Jazz | Carlos Calado 69

MPB | André Domingues 83

O QUE VOCÊ PRECISA VER

Cinema | Luciano Ramos 101

Dança | Dalal Achcar 117

Pintura | Marialice Pedroso 125

Teatro | Alberto Guzik 137

CONHECER O MUNDO

Grandes destinos que você precisa visitar **I** Dad Squarisi 153

Pequenos lugares inesquecíveis que você precisa descobrir **I** Luiz Trigo 169

Museus imperdíveis para você desfrutar **I** Jaime Pinsky 189

Como se comportar **|** Célia Leão 205

Como receber **|** Mara Salles 215

Como saber o que vestir **|** João Braga 225

CONHECER AS REGRAS SOCIAIS

Os autores **|** 231

Apresentação

Eleonora Rosset

Se você está folheando ou comprou este livro é porque busca respostas para perguntas que eu própria sempre me faço: afinal, o que é ser elegante? É possível aprender a ser elegante? E se for, como adquirir uma elegância espontânea?

Talvez o primeiro passo para uma possível resposta seja entender o que é, de fato, elegância. Muitas vezes confundida com boas maneiras e saber vestir-se, a elegância chega até mesmo a ser desdenhada, por alguns, como pura superficialidade. Trata-se de um equívoco desastroso, que coloca a pessoa que assim pensa fora de prumo, afastada de uma delicadeza natural, sem acesso à amabilidade necessária à convivência humana.

Isso mesmo: precisamos de elegância porque precisamos dos outros. Elegância é, então, fundamental.

E nisso reside o interesse deste livro, que tenta responder àquelas perguntas iniciais, ampliando o próprio conceito de elegância e revelando suas estreitas vinculações com a cultura. Ou seja, já no título da obra há uma informação precisa: não basta conhecer regras de boas maneiras ou saber harmonizar cores e formas para alguém ser elegante.

Aqui, entramos em contato com algo muito buscado, mas realmente difícil de ser ensinado: elegância como modo de viver, uma maneira de estar presente no mundo com estilo próprio. A proposta central do livro, portanto, é a de que uma pessoa elegante interessa-se necessariamente por cultura. Um homem ou uma mulher elegante quer – e precisa – saber o que se passa no mundo das artes, da literatura, da música, dos espetáculos, das viagens, da gastronomia. Cultura, pois, entendida como produção humana para deleite próprio. A Cultura tida, então, como alimento do espírito.

Elegância, portanto, não é só saber vestir o corpo com a roupa certa e comportar-se adequadamente. É isso também, mas é mais. É alimentar a alma de maneira harmoniosa. E, assim fazendo, adquirir o prazer de saber conviver com os outros de forma estimulante – o que, sem dúvida, é uma arte. Não dá para ensinar essa delicadeza natural aliada ao charme de um estilo próprio, mas todo mundo pode tentar desenvolver em si a elegância: basta cultivar a sensibilidade e ampliar os próprios horizontes.

Aliás, o termo *elegância* vem do latim *eligere*, que significa escolher. Elegância é, então, saber escolher. E para isso é preciso observar e buscar informação. Estimular nossa criatividade, fugindo assim da monotonia, uniformidade e repetição. Esse é o material que *Cultura & Elegância* oferece a você.

A cada capítulo do livro, encontramos o texto de alguém que se expressa com elegância, falando com autoridade sobre o assunto que ama. O escritor Moacyr Scliar, por exemplo, membro da Academia Brasileira de Letras, recomenda um conjunto de obras essenciais para o leitor que deseja uma iniciação ao fabuloso mundo da literatura. O jornalista e crítico Daniel Piza, por sua vez, tomando como base sua própria relação afetiva e intelectual com os livros, indica obras de não ficção que não podem faltar na estante de qualquer um que queira adquirir uma cultura geral minimamente razoável.

O maestro Júlio Medaglia, um dos maiores conhecedores de música erudita no Brasil, ajudará você a mergulhar com prazer no mundo dos clássicos, enquanto o crítico Carlos Calado apresenta um roteiro básico para se conhecer o som sofisticado e eletrizante do *jazz*. Além disso, o também crítico musical André Domingues faz um delicioso passeio pelo que há de melhor na música popular brasileira. Nos três casos, são oferecidas dicas de presentes para seus ouvidos. Aproveite para começar a montar sua discoteca básica.

E tem mais, Luciano Ramos, crítico de cinema, oferece listas dos melhores filmes de todos os tempos. A bailarina e coreógrafa Dalal Achcar explica didaticamente os segredos da dança. Marialice Pedroso ajuda a compreender melhor e a apreciar a obra dos grandes mestres da pintura universal. E para completar esse bloco, o ator, diretor e dramaturgo Alberto Guzik monta um grande painel que nos faz acompanhar a evolução do teatro ao longo dos tempos.

Para alguém tornar-se culto e elegante, é desejável que seja também uma pessoa cosmopolita e viajada. Na segunda parte do livro, Dad Squarisi, com seu texto sempre saboroso e criativo, mapeou os melhores roteiros no chamado circuito Elisabeth Arden: Nova York, Paris, Londres e Roma. Luiz Trigo oferece um verdadeiro mapa da mina: uma seleção de pequenos e preciosos lugares, todos fora dos grandes circuitos turísticos mundiais, que dão ao viajante o prazer indescritível da descoberta. O historiador Jaime Pinsky mostra, para quem ainda não sabe, que visitar museus não é uma obrigação chata, tarefa reservada para dias chuvosos. Pelo contrário, como você irá constatar nas sugestões que ele nos oferece, é uma experiência única, excitante.

Fechando o volume, Célia Leão dá dicas bem práticas de como uma pessoa elegante deve comportar-se, seja no cotidiano, em casa, no trabalho ou em situações especiais, como uma ida ao teatro, ao concerto, a um restaurante. A *chef* Mara Salles explica, também em um texto recheado de orientações objetivas e descomplicadas, os segredos de receber bem. E, por último, o estilista João Braga incentiva a fugir da ditadura da moda, mas sempre com muito bom gosto e, sobretudo, com bom senso.

Ora, se é verdade que elegância não se ensina, podemos certamente buscar inspiração no que essas pessoas têm a nos dizer. Cada um dos autores do livro, a seu modo, enriquecerá nossa maneira de viver e ajudará nessa importante busca individual de ser elegante. Cada capítulo de *Cultura & Elegância* é um convite sedutor para penetrarmos em um mundo pessoal e intransferível. Há aqui uma rara oportunidade para descobrirmos um modelo. Caberá ao leitor aproveitar essa intimidade possibilitada pelo texto e sofisticar-se ainda mais.

A cada um de vocês, então, a agradável tarefa de criar sua própria relação com este livro, que oferece cultura com elegância. Sem imposição. Ao contrário, facilitando a expressão da personalidade e criatividade do leitor. Afinal, como diz Isabella Rosselini (que descende de uma estirpe elegante): "A verdadeira elegância é a manifestação de uma mente independente."

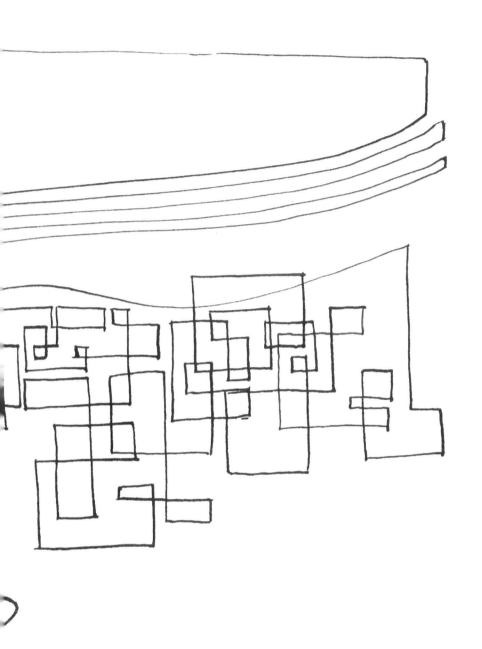

CONHECER AS ARTES

O que você precisa ler

Ficção

Moacyr Scliar

Acontece da maneira mais inesperada. Você está num bar, conversando com amigos, num jantar com familiares, no vestiário do clube, e de repente pessoas começam a falar sobre os livros que já leram. E aí você se dá conta de que é como se morasse em um outro planeta: você não sabe absolutamente nada do que eles estão falando.

Isso, é lógico, lhe deixa muito chateado. Você, como milhões ou bilhões de outros, criou-se acreditando que a palavra escrita é coisa fundamental. E, de fato, é. Para começar, muitas religiões têm em livros sagrados o seu referencial mais importante: a *Torá* para o judaísmo, o *Novo Testamento* para o cristianismo, o *Corão* para o islamismo. O livro sagrado é, para seus leitores, uma fonte de inspiração, um guia ético.

Mas a gente lê também por outras razões. Sobretudo quando se trata de ficção. Lemos porque gostamos de histórias: é algo embutido em nosso genoma. Todo pai ou toda mãe sabe que as crianças protestam quando, à noite, são mandadas para a cama; e todo pai ou toda mãe sabe que há uma maneira irresistível de convencer o filho ou a filha a fazê-lo: contando ou lendo uma história.

Ouvir histórias ajuda a criança a vencer a ansiedade inevitável que surge quando ela abandona o convívio da família e penetra no misterioso mundo dos sonhos (ou dos pesadelos). É a mesma ansiedade que explica também a origem dos mitos, aquelas narrativas fantasiosas que, nas culturas ditas primitivas, procuravam dar conta dos porquês dos fenômenos da natureza, do surgimento do universo. Uma ansiedade que explica ainda as lendas que passam de geração em geração e que serviram de base para as grandes obras. É delas, as grandes obras, que queremos falar.

Mas, por onde devemos começar?

O melhor é começar... do começo. Isto é, dos clássicos.

Entre os grandes clássicos da literatura universal, é imprescindível citar *Odisseia*, de Homero, poeta grego sobre o qual não sabemos muito e que é também o presumível autor de *Ilíada*. Esses dois poemas épicos foram escritos por volta de 750 a.C. e falam-nos da Guerra de Troia, travada entre gregos e troianos. Tudo começa, segundo Homero, quando Helena, a bela esposa do rei grego Menelau, é sequestrada e levada para Troia por Páris, filho de Príamo, rei troiano. Menelau, como é fácil imaginar, ficou furioso e mobilizou um exército, pedindo auxílio a seu irmão, Agamenon, e aos amigos Aquiles e Ulisses. Muitas aventuras acontecerão a partir daí – o episódio do cavalo de Troia é um dos mais famosos. Enquanto *Ilíada* fala sobretudo da guerra, de Aquiles e do herói troiano Heitor, *Odisseia* descreve as aventuras de Ulisses voltando para casa.

"Um clássico é um livro que nunca terminou de dizer aquilo que tinha para dizer."

Italo Calvino

Dissemos que não sabemos muito sobre Homero, o autor de *Ilíada* e de *Odisseia*. É verdade. Homero é uma figura um tanto quanto misteriosa. É que, no passado, o autor de uma história não tinha tanta importância assim. À medida que surgiu a modernidade, isso mudou radicalmente. Primeiro porque, na modernidade, houve uma afirmação do indivíduo – a palavra "eu" passou a ser importante. Depois porque, com a invenção da imprensa, o livro virou um produto vendável. E é aí que surgiu o autor. Os temas já não eram apenas a religião ou as aventuras épicas, descritas como se fossem verdadeiras. Com a modernidade, admitiu-se também a ficção. E o grande gênero para a ficção será o romance, escrito nas línguas derivadas do latim, as chamadas línguas "românicas", como o francês, o italiano e o português. Daí vem o nome "romance".

O romance tem origem em vários gêneros da Idade Média, entre eles as histórias de cavalaria, protagonizadas por aquelas figuras de armadura, escudo e lança, que, com o advento dos tempos modernos, tornaram-se figuras caricaturais. O primeiro grande romance da modernidade (o livro completou quatrocentos anos em 2005) é *Dom*

Quixote, do espanhol Miguel de Cervantes. Livro concebido apenas como uma sátira das novelas de cavalaria, mas que se tornou uma obra-prima da literatura universal.

Cervantes, a propósito, teve uma vida cheia de aventuras. Nascido em uma Espanha que era a nação mais rica e poderosa da Europa, vinha de uma família nobre, mas empobrecida: o pai fora preso por dívidas. Cervantes entrou no exército e participou na batalha de Lepanto contra os turcos, onde foi ferido na perna e ficou com a mão esquerda paralisada. Depois, foi capturado por piratas turcos e só libertado após cinco anos de cativeiro. Apesar de todas essas desventuras, *Dom Quixote* é um livro cômico; mas é também um retrato da condição humana, tanto que "quixotesco" tornou-se um adjetivo incorporado ao nosso vocabulário como sinônimo de "sonhador", aquele que é "generosamente impulsivo, romântico, nobre, mas um pouco desligado da realidade", segundo nos explica o *Dicionário Houaiss da Língua Portuguesa*.

Dom Quixote é um anti-herói, enfrentando os gigantes imaginários que vê nos moinhos de vento. Já *Robinson Crusoé* (1719), do inglês Daniel Defoe, marinheiro náufrago, encontra perigos reais e mostra qual é a primeira regra da modernidade: "Vire-se". Aliás, viagens marítimas seriam o ponto de partida para muitos livros, inclusive satíricos, como é o caso de *As viagens de Gulliver* (1726), do irlandês Jonathan Swift, que conta as fantásticas viagens do médico naval Lemuel Gulliver. Na primeira viagem, a mais famosa delas, nosso herói naufraga em Lilliput, uma terra cujos habitantes são bem pequeninos, o que faz de Gulliver um gigante e faria do termo "liliputiano" mais um adjetivo que a literatura incorporaria ao vocabulário universal como sinônimo de alguém ou algo "extremamente pequeno" e, no sentido figurado, de quem tem "falta de grandeza", isto é, de quem é mesquinho.

Robinson Crusoé e *Viagens de Gulliver* não são livros para crianças?

Curiosamente, alguns dos maiores clássicos da literatura universal, por causa das muitas adaptações que foram feitas ao longo dos anos, são vistos hoje, por muita gente, como livros infantis. Mas, no original, atrás das narrativas eletrizantes, esses livros contêm contundentes reflexões políticas e filosóficas.

Aos poucos, o romance em geral foi se transformando em um gênero literário extremamente popular. Numa época em que a psicologia e as ciências sociais ainda estavam engatinhando, a literatura ensinava as pessoas a viver. Exemplo clássico são *Os anos de aprendizagem de Wilhelm Meister* (1796), o chamado "romance de formação" do alemão Johann Wolfgang von Goethe, que acompanha um jovem no seu aprendizado da vida. Mas o grande século do romance será mesmo o XIX. E aí temos, em inglês, uma espécie de equivalente de Wilhelm Meister: *Oliver Twist* (1837), que o inglês Charles Dickens publicou quando tinha apenas 25 anos.

Oliver Twist conta a história do garoto Oliver, que, recolhido a um asilo de órfãos, cansado da tirania do administrador do lugar, resolve fugir, mas descobre que a vida nas ruas de Londres também não é nenhum piquenique. Para sobreviver, tem até de se juntar a uma gangue infantil liderada pelo velho Fagin. Dickens conhecia bem essa situação. De família pobre, jornalista de profissão, escrevera inflamados artigos em jornais denunciando a miséria na Inglaterra. *Oliver Twist* foi publicado na forma de folhetim, isto é, em capítulos diários no jornal, aguardados pelos leitores da época com tanta ansiedade quanto hoje os telespectadores aguardam os próximos capítulos de uma novela de TV.

"Muitos homens iniciaram uma nova era na sua vida a partir da leitura de um livro."

Henry Thoreau

Vinte anos depois de *Oliver Twist*, surge na França uma obra-prima do gênero: *Madame Bovary* (1857), de Gustave Flaubert, que conta a história de Emma Bovary, mulher de um patético médico do interior francês, Charles Bovary. Cansada do tedioso casamento, ela procura emoção em aventuras extraconjugais, o que termina em desastre. Flaubert era um estilista perfeito e um grande conhecedor da alma feminina. Quando lhe perguntavam quem havia inspirado a personagem, respondia: "Madame Bovary sou eu".

A essa altura, o romance era tão popular que os leitores (e escritores) já não se contentavam com um só volume: surgiu então o *roman-fleuve* ("romance-rio"), sequência de obras que se desenvolvem em um longo espaço de tempo e que abarcam várias tramas, formando um verdadeiro painel da sociedade da época. O melhor exemplo de todos é *A comédia humana*, do francês Honoré de Balzac, composta por 17 volumes, incluindo mais de 80 obras, entre romances e contos.

> **Balzaquiana.** Um dos romances mais famosos de *A comédia humana*, de Balzac, é *A mulher de trinta anos*. Daí vem o termo "balzaquiana", adjetivo utilizado no mundo todo, até por quem nunca ouviu falar de Balzac.

Há outros clássicos fora da Europa ocidental?

De fato, até aqui, só falamos em autores da Europa ocidental. Mas na Europa oriental, na Rússia sobretudo, também surgiram grandes romancistas, a começar por Leon Tolstoi. De família nobre, Tolstoi foi militar, participou em combates, mas depois se tornou um pacifista, descrevendo em várias obras os horrores da guerra. O exemplo maior é *Guerra e paz* (1865), um épico com quase seiscentos personagens, históricos ou ficcionais. Tendo como cenário a guerra que colocou a França de Napoleão contra outra nações europeias, incluindo a Rússia, a narrativa move-se do campo de batalha para a vida familiar dos personagens. *Anna Karenina* (1877), também de Tolstoi, conta a história de uma mulher aprisionada por convenções sociais.

Outro grande romancista russo foi Fiodor Dostoievski, autor de *Crime e castigo* (1866): Raskolnikov, estudante pobre, decide resolver seus aflitivos problemas de dinheiro matando a velha e repelente dona de uma casa de penhores, que ele vê como uma parasita desprezível e descartável. O castigo começa com remorso, mas vai bem mais além, e o livro acaba resultando em uma profunda reflexão sobre dilemas éticos.

Outros livros de Dostoievski

Recordação da casa dos mortos
Memórias do subsolo
Os possessos
Os irmãos Karamazov
O idiota

Enquanto isso, do outro lado do oceano, um país começava a mostrar seu poder. Poder econômico, poder militar, mas também poder cultural: os Estados Unidos. Um país jovem, com muita gente e com um grande escritor para o público igualmente jovem: Samuel Langhorne Clemens, mais conhecido pelo pseudônimo de Mark Twain, um sujeito que fez de tudo na vida para sobreviver. Depois de abandonar a escola, foi tipógrafo, piloto de barcos ("Mark Twain" era uma expressão para indicar a profundidade de um rio), soldado, mineiro, jornalista. Publicou dois livros que o tornaram rico e famoso: *As aventuras de Tom Sawyer* (1876) e sua continuação, *As aventuras de Huckleberry Finn* (1884). Tom e Huck fazem parte de uma galeria de personagens que Mark Twain conheceu nas suas andanças. Os dois livros comovem-nos pela autenticidade e divertem-nos pelas pitorescas aventuras.

Dez clássicos indispensáveis

Ilíada – Homero
As aventuras de Tom Sawyer – Mark Twain
As ilusões perdidas – Balzac
As viagens de Gulliver – Jonathan Swift
Crime e castigo – Dostoievski
Dom Quixote – Miguel de Cervantes
Guerra e paz – Tolstoi
Madame Bovary – Flaubert
Oliver Twist – Charles Dickens
Os anos de aprendizagem de Wilhelm Meister – Goethe

E quais os autores fundamentais do século xx?

A transição do século xix para o xx se fez sob o signo do progresso, da renovação. As ferrovias se expandem, surgem o automóvel, o motor a diesel e o avião; o telégrafo e o telefone; o cinema e a psicanálise. Novas correntes de pensamento, novas formas de expressão artística e cultural emergiam. Nas artes, é a época do impressionismo, do expressionismo e do cubismo.

(Saiba mais sobre esses movimentos artísticos, neste livro, no texto sobre pintura, assinado por Marialice Pedroso, na página 125.) Mas é também uma época de conflito: o novo século verá, já em seu início, a eclosão da Primeira Guerra Mundial e da Revolução Russa, de 1917.

Conflito e renovação é o binômio que também vigorará na literatura. Merecem aqui destaque especial, inicialmente, três renovadores do romance universal. O primeiro deles é o francês Marcel Proust, autor de sete romances, que, tendo um só narrador, formam um conjunto: *Em busca do tempo perdido* (1913-1927). Proust traça um quadro da sociedade francesa em sua época, ao mesmo tempo em que reflete sobre a memória e o efeito do tempo na condição humana.

Os sete volumes de *Em busca do tempo perdido*

O caminho de Swann
À sombra das moças em flor
O caminho de Guermantes
Sodoma e Gomorra
A prisioneira
A fugitiva
O tempo recuperado

O segundo renovador é o irlandês James Joyce, que em *Ulisses* (publicado em 1922, mesmo ano da Semana de Arte Moderna de São Paulo, que revolucionou a cultura brasileira) faz uma espécie de paródia de *Odisseia* de Homero, da qual falamos antes – os escritores sempre se influenciam mutuamente. É um livrão, um tijolaço, mas toda a ação se passa em um único dia, 16 de junho de 1904. Ao longo desse dia, Joyce acompanhará a trajetória dos dois personagens, Leopold Bloom e Stephen Dedalus, em vários lugares de Dublin, capital da Irlanda. Ao fazê-lo, cria e combina palavras, muda a forma de narrativa e no final introduz o fluxo de consciência, o monólogo interior de uma terceira personagem, Molly Bloom, antes de adormecer. É um livro tão inovador que, apesar de sempre citado, foram poucos os que realmente conseguiram lê-lo até o fim.

O terceiro renovador é o tcheco Franz Kafka, que era advogado de uma companhia semiestatal de seguros, por isso bastante familiarizado com a burocracia que viria a se tornar o pesadelo de nosso tempo. Em *O processo*, Kafka narra a história de Josef K., que está sendo processado. Não se sabe quem é o acusador, não se sabe de que o réu é acusado, não se sabe nem mesmo onde fica o tribunal. Mas, no final, o coitado é executado assim mesmo.

Kafkiano. Franz Kafka é autor ainda de *A metamorfose*, que conta a história de Gregor Samsa, um caixeiro-viajante que, numa certa manhã, acorda de um sono intranquilo e se vê transformado em um inseto monstruoso. O livro é, na verdade, uma metáfora para denunciar os mecanismos de alienação e de dominação da mente humana. Do nome de Franz Kafka vem o adjetivo "kafkiano", que, segundo o *Dicionário Houaiss*, "evoca uma atmosfera de pesadelo, de absurdo, especialmente em um contexto burocrático que escapa a qualquer lógica ou racionalidade".

Aliás, a violência grotesca, sem sentido, passará a ser tema recorrente da literatura no século XX. Exemplo disso é *O coração das trevas* (1902), de Joseph Conrad. O autor viveu na Inglaterra, mas não era inglês, era polonês (seu nome de batismo era Jozef Teodor Konrad Korzeniowski). Órfão, muito cedo deixou a Polônia e acabou por radicar-se na Inglaterra. Apaixonado pelo mar, engajou-se na marinha comercial britânica e chegou a comandar seu próprio navio. Viajou pelo mundo todo e subiu o rio Congo, na África, jornada que inspirou *O coração das trevas*. A obra gira em torno a uma figura trágica, o demente Kurtz, que, em meio à selva africana, vivendo numa cabana decorada com crânios humanos, comanda os nativos como se fosse um deus, uma versão enlouquecida do colonialismo, então no auge.

O livro *O coração das trevas*, de Joseph Conrad, inspirou *Apocalipse Now*, filme de Francis Ford Coppola, que transferiu a narrativa original do Congo para as selvas do Vietnã.

Mas, além de mergulhar no coração das trevas, o gênero romance continuou fiel à sua premissa de mergulhar no coração humano. É o caso de *A montanha mágica* (1924), do alemão Thomas Mann. Visitando um primo num sanatório para tuberculosos, Hans Castorp contrai a doença. Hoje provavelmente ele seria tratado e curado, mas naquela época tuberculose significava uma longa internação, durante a qual Castorp e outros personagens mantêm um permanente debate de ideias filosóficas contraditórias. Já *Doutor Fausto* (1947), do mesmo Thomas Mann, é uma espécie de biografia imaginária do compositor Adrian Leverkühn, tal como vista pelo amigo Serenus Zeitblom. O livro é, de novo, uma profunda reflexão, desta vez sobre a arte.

Outro escritor alemão importante no período é Robert Musil. *O jovem Törless* (1906) tem como cenário uma elitista academia militar e os conflitos entre os jovens alunos. Já em *O homem sem qualidades* (1930), Musil apresenta-nos o ex-oficial Ulrich, homem de grandes potencialidades intelectuais, mas incapaz de aplicá-las à vida real: uma reflexão sobre a crise social e espiritual do século. Em matéria de decadência de elites, *O leopardo* (1958), do italiano Tomaso di Lampedusa, com sua memorável frase ("É preciso que tudo mude para que tudo fique como está"), é outra obra fundamental.

O clima de desesperança que invadiu a Europa – e que se agravou com a Segunda Guerra Mundial – foi retratado por dois grandes escritores franceses. O primeiro é Jean-Paul Sartre, em *A idade da razão* (1945). O outro, Albert Camus (na realidade nascido na Argélia, então colônia francesa na África), criador de dois personagens paradigmáticos: Meursault, de *O estrangeiro* (1942), que chega ao crime numa tentativa desesperada de vencer a alienação; e o Dr. Rieux, de *A peste* (1947), que, ao contrário, esforça-se por salvar as vítimas de uma epidemia: "Nós nos recusamos a desesperar da humanidade. Mesmo renunciando à irracional ambição de recuperar os seres humanos, ainda assim queremos servi-los."

> **Existencialismo.** As obras de Jean-Paul Sartre e de Albert Camus seguem os pressupostos do existencialismo, escola filosófica surgida em meados do século XX, com o pensador dinamarquês Kierkegaard, e que atingiu seu apogeu nos anos 1950 e 1960. Para os existencialistas, "o homem não foi planejado por alguém para uma finalidade; ao contrário, o homem se faz em sua própria existência".

Boa parte da ficção do século XX é obra de militantes políticos. Foi o caso do russo Isaac Babel. Judeu, membro, portanto, de um grupo perseguido, Babel viu na Revolução Russa, de 1917, a esperança de um futuro melhor para sua gente. Combatente de primeira hora, relatou suas experiências nos contos de *Cavalaria vermelha* (1926). Apesar disso, acabou morrendo num campo de concentração stalinista.

O inglês Eric Blair, que escreveu sob o pseudônimo de George Orwell, também foi militante comunista e igualmente passou por uma amarga desilusão, da qual dão testemunho duas obras tão fantasiosas quanto satíricas. A primeira é *A revolução dos bichos* (1945), que, publicada no início da Guerra Fria entre o Ocidente e os países comunistas, fez enorme sucesso. A história ocorre na fazenda do cruel Mr. Jones. Os animais se revoltam, tomam o poder, mas o resultado é uma tirania ainda pior: uma alusão ao que aconteceu na época de Stalin. A segunda, publicada em 1949, tem como título *1984*. Nesse ano, segundo Orwell, o futuro já teria chegado sob a forma de distopia, ou seja, uma utopia transformada em pesadelo: um mundo em que o Estado, governado por um ditador, o *Big Brother* (sim, daí vem o título do programa de TV), controla todas as pessoas. Frases como "Todos são iguais, mas alguns são mais iguais" ajudaram a transformar Orwell num autor imensamente popular, num mundo em que o autoritarismo, sob variadas formas, ainda se faz presente.

> "Se a liberdade significa alguma coisa, será sobretudo o direito de dizer às outras pessoas o que elas não querem ouvir."
>
> George Orwell

O comunismo traduziu-se em uma revolução política, mas revoluções culturais também não faltaram no século XX. Uma delas foi a psicanálise, tema de *A consciência de Zeno* (1923), cujo autor é Italo Svevo, pseudônimo do triestino Aron Hector Schmitz. No romance, acompanhamos o frustrado namoro de Zeno com a psicanálise, "tola ilusão, um truque capaz de comover apenas solteironas histéricas", que no entanto o motiva a empreender um doloroso processo de autodescoberta, não no divã, mas no texto. A propósito, o tema da psicanálise seria retomado por muitos outros escritores, entre eles o norte-americano Philip Roth em *O complexo de Portnoy* (1969), no qual o protagonista queixa-se ao psicanalista de sua dominadora mãe judia.

Dez clássicos do século xx

1984 – George Orwell
A idade da razão – Jean-Paul Sartre
A montanha mágica – Thomas Mann
Em busca do tempo perdido – Marcel Proust
O complexo de Portnoy – Philip Roth
O coração das trevas – Joseph Conrad
O estrangeiro – Albert Camus
O homem sem qualidades – Robert Musil
O processo – Franz Kafka
Ulisses – James Joyce

E as mulheres?

Tem razão. A esta altura de nosso muito rápido passeio pela literatura, você deve estar se perguntando se as mulheres só entram na literatura como personagens tipo Madame Bovary, ou tipo mãe do Portnoy, ou ainda a ninfeta que em *Lolita* (1958), do russo naturalizado americano Vladimir Nabokov, atormenta um sisudo professor.

No passado, de fato, mulheres escreviam pouco – aliás, as mulheres faziam pouca coisa além de engravidar, cuidar das crianças, da casa e aguentar os maridos. A presença da mulher na literatura tornou-se, assim, um sinal de afirmação. E de talento. O melhor exemplo é a inglesa Virginia Woolf, que se consagrou com obras como *Mrs. Dalloway* (1925), *Rumo ao farol* (1927), *Orlando* (1928) e *As ondas* (1931). Woolf tornou-se expoente da literatura feminina.

Rumo ao farol, um de seus melhores livros, apresenta-nos a família Ramsay: a senhora Ramsay, seus oito filhos e o culto, autoritário e ausente marido. Ela é uma mulher muito preocupada em organizar a vida de todos que estão a seu redor, e é nesse cenário que surge a proposta de uma viagem até a pequena ilha em que está o farol. O marido pondera que a jornada é perigosa. A viagem é cancelada, o que causa frustração na família. Finalmente, o objetivo é atingido, mas sem a sra. Ramsay e três dos filhos, que morreram. Uma trama minimalista, na qual o simbolismo é importante. Apesar de tudo, diz-nos Virginia Woolf, há uma luz – a luz do farol – brilhando em meio às trevas.

Muitos livros de Virginia Woolf foram adaptados para o cinema, mas foi a sua atormentada existência que inspirou uma obra-prima da sétima arte, *As horas*, dirigido por Stephen Daldry, com Nicole Kidman no papel da escritora.

O que significa "realismo mágico"?

O nosso continente, que durante muito tempo foi reduto de pobreza e atraso, foi também o berço de um original movimento literário. Tudo começou quanto o escritor cubano Alejo Carpentier publicou o romance *O reino deste mundo* (1949), em cujo prefácio discutia o chamado "real maravilhoso" (duas expressões equivalentes surgiriam depois, "realismo mágico" e "realismo fantástico"), conceito que ampliou num artigo de 1964, em que diz: "A América é o único continente onde diferentes eras coexistem", isto é, onde os avanços tecnológicos da modernidade convivem com o primitivo. Essa situação configura o choque cultural do qual nasce a fantasia que alimentará a nova vertente literária latino-americana.

Em termos de literatura, é claro, o fantasioso não era novidade. Afinal, a fantasia é a matéria-prima da ficção. Mas o realismo mágico latino-americano tem características próprias. Nasceu do quadro político, econômico e social vigente na América Latina dos anos 1960 e 1970. É então que o atraso da região fica mais evidente, que os movimentos reivindicatórios crescem – e é o momento também em que ditaduras militares tomam o poder em quase todos os países – uma decorrência da Guerra Fria – e o momento da revolução cubana, vista como ameaça pelos setores conservadores.

Obras como *Pedro Páramo* (1955), do mexicano Juan Rulfo; *Paraíso* (1960), do cubano José Lezama Lima; *O jogo da amarelinha* (1963), do argentino Julio Cortázar; *Cem anos de solidão* (1967) e *O outono do patriarca* (1975), do colombiano Gabriel García Márquez, vão chamar a atenção do público mundial e consolidar o gênero, que será também representado por autores europeus como o italiano Italo Calvino de *O visconde partido ao meio* (1952) e de *Cidades invisíveis* (1972), o alemão Günter Grass de *O tambor* (1959), o hindu Salman Rushdie de *Os versos satânicos* (1988) e o português José Saramago de *A jangada de pedra* (1988). O realismo mágico é literatura de denúncia, mas não de denúncia carrancuda, é antes uma denúncia satírica, irônica.

Cinco clássicos do realismo mágico

Cem anos de solidão – Gabriel García Márquez
O jogo da amarelinha – Julio Cortázar
O outono do patriarca – Gabriel García Márquez
Paraíso – José Lezama Lima
Pedro Páramo – Juan Rulfo

Que brasileiros não podem faltar na nossa lista?

E já que estamos na América Latina, vamos, enfim, ver algo da nossa literatura brasileira. Temos de começar reconhecendo a dívida com o país que nos deu o idioma, Portugal, e com grandes autores portugueses como Eça de Queirós de *Os maias* (1888), obra adaptada para uma minissérie de sucesso na TV. É uma tragédia que nasce do incesto inconsciente entre Carlos Eduardo e Maria Eduarda da Maia. Já *A cidade e as serras* (1901), também de Eça de Queirós, tem como personagem principal Jacinto, um rico aristocrata. Deixando seu palacete de Paris, Jacinto volta a Portugal com o velho amigo Zé Fernandes e descobre na sua antiga mansão senhorial de Tormes as suas raízes, o que o liberta do tédio e dá sentido à sua existência.

Dez clássicos brasileiros

A hora da estrela – Clarice Lispector
Dom Casmurro – Machado de Assis
Grande sertão: veredas – Guimarães Rosa
Macunaíma – Mário de Andrade
Mar morto – Jorge Amado

O guarani – José de Alencar
O quinze – Rachel de Queiroz
O tempo e o vento – Érico Veríssimo
Triste fim de Policarpo Quaresma – Lima Barreto
Vidas secas – Graciliano Ramos

É uma literatura vigorosa, a nossa, e mereceria uma enciclopédia inteira, mas, como temos de sintetizar, vamos começar já no século XIX, com *O guarani* (1857), de José Alencar, obra conhecida de todo brasileiro que passa pela escola e que marca o apogeu do romantismo no Brasil. Em nosso país, além da valorização do indivíduo, característica geral das obras românticas, o romantismo foi a expressão de um "nacionalismo literário", identificado tanto no indianismo alencarino quanto na prosa histórica e regionalista.

O guarani é um romance autenticamente brasileiro, colocando – pela primeira vez em nossa história – o índio como herói. Como *Oliver Twist*, foi publicado em jornal na forma de capítulos, que sempre terminavam com um suspense destinado a manter a atenção do leitor para o capítulo do dia seguinte. E *O guarani* tem ação para dar inveja a qualquer filme de Indiana Jones. Claro, é linguagem do século XIX, e às vezes a gente tem de ir ao dicionário para descobrir o significado de um ou outro termo. Mas é, sem dúvida, um grande romance.

Quando foi lançado, em 1857, o romance *O guarani*, de José de Alencar, fez tanto sucesso que se formavam grupos de curiosos na rua para ouvir alguém ler, em voz alta, o capítulo do dia publicado pelo jornal *Diário do Rio de Janeiro*.

Grande mesmo foi Machado de Assis. O indispensável *Dom Casmurro* (1900) é considerado sua obra-prima. Bentinho, o narrador, busca obsessivamente saber se sua mulher, Capitu, o traiu. A dúvida até hoje atormenta os leitores e estudiosos que se debruçam sobre o livro de Machado. Em *Memórias póstumas de Brás Cubas* (1881), o próprio falecido (e isso, diga-se, é originalíssimo: um narrador que já morreu), Brás Cubas, relembra sua vida, traçando um retrato perfeito e mordaz da sociedade brasileira de fins do século XIX. *Quincas Borba* (1891) fala-nos de Rubião, que, tendo recebido uma grande herança do dito Quincas Borba, vagueia com seu cão defendendo uma filosofia que chama de "Humanitismo", delirante união de todas as teorias existentes. Igualmente delirante é o Doutor Bacamarte de *O alienista* (1882), um psiquiatra maluco que mete todo mundo no hospício, naquela que é, em realidade, uma das melhores sátiras políticas já escritas no Brasil, uma tremenda gozação sobre o poder.

Triste fim de Policarpo Quaresma (1915) é a obra mais importante de Lima Barreto. Nacionalista extremado, como o próprio Lima Barreto, o funcionário público Policarpo Quaresma tem uma proposta revolucionária: adotar o tupi-guarani como idioma pátrio. Acaba internado em um hospício de onde sai para viver estranhas aventuras.

Outro livro delicioso é *Macunaíma* (1928), de Mário de Andrade, o romance mais importante do modernismo brasileiro, aquele que surgiu em cena na Semana de 1922. Através de Macunaíma, o "herói sem nenhum caráter", descobrimos uma série de mitos, de lendas e de fatos sobre o Brasil. Mário tem um prazer de narrar que contagia irresistivelmente o leitor. Outra obra importante do movimento modernista é *Memórias sentimentais de João Miramar* (1924), de Oswald de Andrade, em que o debochado Miramar evoca suas aventuras na Europa.

Muito diferente de todos esses é *Vidas secas* (1938), de Graciliano Ramos, livro que fala do Nordeste brasileiro, com sua aridez, sua miséria, mas também seu estoicismo e sua bravura. Vidas secas, sim, mas heroicas, também. Brutalizada pela extrema miséria, uma família (Fabiano, sinhá Vitória, os dois filhos e a cadela Baleia) foge da seca. Já a temática de *São Bernardo* (1934), também de Graciliano Ramos, é outra: a relação conflituosa entre o autoritário fazendeiro Paulo Honório e sua mulher, a resignada professora Madalena.

Do Nordeste vamos para o Sul e aí encontramos a figura gigantesca de Érico Veríssimo, autor de *O tempo e o vento*, trilogia publicada entre 1949 e 1961, e que se constitui em uma verdadeira saga gaúcha: o pampa dos caudilhos, o pampa dos sofridos seres humanos que, com seu trabalho e seu sacrifício, ajudaram a criar o Rio Grande.

Trilogia

Os livros de *O tempo e o vento*, de Érico Veríssimo:
O continente
O retrato
O arquipélago

E já que estamos falando em gaúchos, mencionemos outro escritor do Sul, desta vez um escritor urbano (embora nascido numa pequena cidade da fronteira): Dyonélio Machado, autor de um admirável romance chamado *Os ratos,* que gira em torno de um personagem obcecado com a ideia de que os ratos vão roer o seu dinheiro. Dyonélio, pode-se dizer, é o Graciliano do Rio Grande do Sul.

Agora vamos nos permitir abrir um parêntese e falar de um autor clássico da literatura infantil: Monteiro Lobato, o escritor que mobilizou a imaginação de várias gerações em nosso país. *A chave do tamanho* (1942), uma fantástica aventura da instigante boneca Emília, poderia lembrar *Querida, encolhi as crianças*; mas além de ter escrito o livro décadas antes do filme, Monteiro Lobato usa o "encolhimento" da humanidade como base para uma grande e bem-humorada sátira política e social. Um livro imperdível, para crianças ou adultos.

 Em 2002, numa enquete realizada com escritores e críticos literários brasileiros, a boneca Emília, do Sítio do Pica-Pau Amarelo, foi considerada um dos dez principais personagens da literatura brasileira de todos os tempos, ao lado de Capitu, Brás Cubas, Policarpo Quaresma e outros.

O Brasil também produziu um mestre da linguagem. Guimarães Rosa é, acreditem, um demônio com as palavras. Rosa recriou o nosso idioma e trouxe para a ficção o sertão mineiro, com seus incríveis personagens, seus mitos, suas lendas. *Grande sertão: veredas* (1956) é o melhor exemplo disso. O jagunço Riobaldo narra para um anônimo a história de suas aventuras e de seu amor pelo jagunço Diadorim, na realidade uma mulher, que, para vingar a morte do pai, disfarça-se de homem. Guimarães Rosa diz as coisas de maneira nova: "Viver é muito perigoso", ele avisa.

A propósito de mitos e lendas, temos de falar na Bahia. E falando na Bahia, temos de falar do mestre Jorge Amado, consagrado por obras como *Mar morto* (1936) e *Terras do sem fim* (1942). Mas imprescindível é também *Tenda dos milagres* (1969), em que Jorge Amado desmascara alguns empolados doutores baianos, mostrando o ridículo do preconceito racial.

Não estão faltando escritoras, de novo? Claro que sim. E aqui emerge o nome da cearense Rachel de Queiroz, primeira escritora a entrar na Academia Brasileira de Letras e que, aos dezenove anos, surpreendeu críticos e leitores com o romance *O quinze* (1930), contribuição expressiva à chamada literatura da seca (1915 foi um ano de terrível seca no Nordeste). É literatura engajada, mas combina a descrição do drama social com a análise psicológica dos personagens. Já Clarice Lispector nos apresenta, em *A hora da estrela* (1977), aquela personagem patética, sofrida, mas ao mesmo tempo gloriosa, que é Macabéa.

Ler e coçar, é só começar

O passeio poderia, e deveria, continuar, mas fica aqui o desafio: faça-o por conta própria. O que você viu até aqui foram dicas, e dicas sobretudo de romances: faltou conto, faltou poesia, faltou crônica... Descubra mais autores. É uma emoção inigualável ler um livro e constatar, no final: "Essa pessoa faz minha cabeça, é uma alma-irmã". Literatura é aventura, é emoção, é prazer.

> "Há livros de que apenas é preciso provar, outros que têm de se devorar, outros, enfim, mas são poucos, que se tornam indispensáveis, por assim dizer, mastigar e digerir."
>
> Francis Bacon

"Meu Deus, eu não sei nada de literatura!", você poderia ainda pensar. Sabe, sim. No mínimo dos mínimos, você sabe agora por onde começar. E depois que começar, você nunca mais vai querer parar. Palavra de escritor. E, principalmente, palavra de leitor.

Não ficção

Daniel Piza

Toda lista de leituras é uma escolha estritamente pessoal. O problema do conceito de "cânone" – ou seja, de uma lista de obras essenciais – é passar a ideia de que os livros mais importantes devem ser lidos e, mais que isso, admirados como se sagrados. É claro que é necessária certa dose de método, esforço, disciplina. Não se adquire uma formação na base exclusiva da espontaneidade, da leitura por lazer, desprovida de metas. Até porque não são raros os casos em que um livro pode parecer chato em determinada idade ou circunstância da vida e magistral em outra.

Assim, você precisa insistir consigo mesmo, teimar, não desistir fácil da tarefa de encontrar num livro tão elogiado por tantas pessoas cultas o que pode tê-las atraído, ainda que termine achando que elas o superestimaram. Mas o critério primeiro e último é o do prazer. Um bom livro sempre o surpreende, diz coisas que mexem com você ou parecem traduzir o que você não conseguia expressar. Há uma pequena grande diferença entre admirar e adorar.

Os livros que vou citar aqui são os que mais me marcaram, por sua escrita, por suas ideias, até mesmo por seu efeito sobre a rotina da minha vida. O que importa não é que pertençam a uma tradição, mas que a tenham reinventado, que em seu momento tenham trazido algo novo para a percepção humana, alargando-a, enriquecendo-a, e por isso dizendo respeito a perguntas contemporâneas. Vou organizá-los mais ou menos por gênero, tema e época, porque, mais uma vez, certa dose de organização é indispensável. Mas cada um que ache seu ritmo, sua sequência, de acordo com seus interesses.

Como autor, sei que muitos leitores deixam de ler um texto, por mais caprichado que seja, apenas porque aquele assunto não lhes interessa muito.

A curiosidade, porém, é a premissa número um. Mesmo temas que lhe parecem mais tediosos ou difíceis podem ser iluminados por um grande escritor. Como leitor, vivi isso inúmeras vezes, principalmente desde meus 14 anos.

Costuma-se pensar que os romances e as poesias são fontes mais poderosas para o despertar intelectual e artístico de um adolescente, já que, por definição, essa fase envolve um turbilhão emocional muito intenso e, portanto, a prosa de um Dostoievski ou os versos de um Baudelaire mudarão sua vida, como mudaram a minha. Mas os livros de não ficção – de filosofia, de crítica, de ciência, mesmo os de história ou economia – também perturbaram minha sensibilidade e canalizaram minhas dúvidas juvenis. E tem sido assim desde então. Na realidade, leio na proporção de três livros de não ficção para um de ficção (ou poesia). Essa tem sido minha média até hoje. São, obviamente, formas diferentes de ter a percepção aguçada, mas uma não é intrinsecamente mais importante que a outra. O que vale é o livro ser inteligente.

"Por sabedoria entendo a arte de tornar a vida mais agradável e feliz possível."

Schopenhauer

Comece a entrar no terreno fascinante da filosofia

Ter lido Nietzsche na adolescência, por exemplo, me fez muito bem. Quando li *O anticristo*, em especial, senti como toda a cultura em que eu tinha sido criado era marcada por hipocrisias e sentimentalismos. Toda religião convida ao conformismo, dizia Nietzsche – e nada poderia soar melhor aos meus ouvidos de inquieto adolescente, pois eu já percebia nas pessoas próximas a mim que a humildade é tão mais falada quanto menos praticada.

Naturalmente, a maturidade me traria outros lados e nuances dessas questões, mas há momentos em que um leitor precisa ser sacudido, em vez de professoralmente convencido, como faz a maioria dos pensadores. E Nietzsche sacode o leitor como ninguém. Você vai aprender inclusive a não ser doutrinado por ele, cuja filosofia de renúncia moral baseada na força, na superação (daí o super-homem, de que ele fala), cometia ela também o equívoco de supor que o livre-arbítrio, a vontade individual, é maior que as ironias da história e da condição humana permitem. Mas Nietzsche é uma fase fundamental para não ser doutrinado por ninguém.

 Quem é o super-homem de Nietzsche?

> Quando Nietzsche fala do super-homem, ou do "sobre-humano", ele não está falando de um superintelecto ou, muito menos, de um homem de grande força física. Na verdade, todos nós, humanos, seríamos super-homens em potencial. Para isso, precisaríamos vencer, por meio da auto-harmonia, do autocontrole e da autorrealização, o medo, o hábito, as superstições e os ressentimentos que comporiam a "mentalidade de escravo".

Outra leitura de adolescência, quase no extremo oposto, foi a de Bertrand Russell, cuja *História do pensamento ocidental* foi meu guia de leituras. Russell foi um estupendo matemático e ensaísta que não fugiu de nenhuma das questões de seu tempo. Nesse livro, expõe com clareza cristalina as ideias dos grandes pensadores de Platão a Kant e, em seguida, emite suas próprias opiniões sobre elas. É uma lição de como mesmo o mais célebre e sofisticado dos autores pode ser contestado por qualquer leitor. O leitor é soberano, e de tudo pode e deve duvidar. Nunca se esqueça disso.

Também nunca me esqueci de outros pensadores que, antes ou depois de Nietzsche, me agradaram como leitor pelo teor de sua argumentação e pela postura de suas opiniões. Foi mais ou menos na mesma época que descobri o prazer de ler ensaios, e isso ocorreu com o pai de todos os ensaístas: Michel de Montaigne. Ele foi um prosador magistral. Sentado em seu castelo, olhou com periscópio o mundo todo, livre de qualquer estrutura institucional, e por isso marcou o nascimento do mundo moderno, em que o indivíduo afirma seus direitos perante as hierarquias tradicionais, como a Igreja.

Os *Ensaios,* de Montaigne, são deliciosos para ler a qualquer instante, a partir de qualquer página. Há alguns mais famosos, como "Dos canibais", em que pela primeira vez na história um autor relativiza as noções de uma cultura como superior a outra e diz que o julgamento moral deve ser suspenso até que você se ponha dentro do modo de ser do outro. Montaigne faz muitas citações, principalmente em latim, e tem um ponto de vista aristocrático sobre o mundo, mas não há texto seu que não provoque nosso pensamento.

Montaigne foi o primeiro grande nome das letras europeias a fazer referência ao Brasil. O ensaio "Dos canibais", incluído em seus *Ensaios*, considerava os índios seres criados por Deus em estado puro, tese que daria origem, pouco mais tarde, à teoria do "bom selvagem", ou seja, a ideia de que os homens nascem naturalmente bons, mas são corrompidos pela sociedade.

Efeito semelhante me causou Voltaire, que muitos professores acadêmicos sentem satisfação em dizer que não foi "tecnicamente um filósofo", pois não chegou a criar um sistema de ideias. Sempre digo, em resposta, que ele foi mais que um filósofo. Foi um grande ativista intelectual, que defendeu a liberdade religiosa e a justiça pluralista como ninguém, e foi um autor superdotado em criatividade e contundência. Se você quer conhecer suas ideias, vá ao seu *Dicionário filosófico*. Mas preciso observar rapidinho que suas *Cartas* são um dos meus maiores prazeres literários, um livro que estou sempre reabrindo para ler trechos que fluem e alimentam e deliciam como vinho, especialmente os de seus anos envelhecidos. Voltaire é um herói libertário, um autor cuja mescla de mordacidade e tolerância é modelo universal.

Outras leituras que mostram o indivíduo moderno surgindo, com a vantagem adicional de serem divertidas, são *O príncipe*, de Maquiavel, e *Elogio da loucura*, de Erasmo. O adjetivo "maquiavélico", para designar comportamentos que se valem de qualquer meio para atingir um fim em geral espúrio, não dá ideia do que é esse livro. Maquiavel derrubou dogmas morais ao mostrar a assimetria existente entre ação e intenção, assimetria da qual deriva um espaço que é também o da liberdade individual, da possibilidade de você resguardar a valia de qualquer opinião. Já Erasmo tirou um sarro histórico de instituições como a Igreja e o Exército e dos nobres e filósofos. Ao fundo, porém, estava uma posição corajosa, segundo a qual não se pode separar corpo e espírito, cabendo aos homens alimentar ambos nas devidas doses. Tal dicotomia continua viva para a maioria até hoje.

Maquiavélico. O termo "maquiavélico" foi incorporado ao vocabulário cotidiano como sinônimo de algo pérfido e traiçoeiro. Trata-se de uma deturpação histórica. Em *O príncipe*, Maquiavel parece estar oferecendo conselhos aos governantes quando, na verdade, está desnudando os mecanismos do poder político. Por isso mesmo é considerado um dos maiores e mais originais pensadores de todos os tempos.

No século XX, a filosofia foi infelizmente tomada por uma linguagem muito complicada, repleta de jargões e digressões, como em Heidegger, Adorno ou mesmo Sartre. Mas Freud, apesar da quantidade de conceitos e classificações que cunhou, é leitura das mais fascinantes, principalmente em livros como *A interpretação dos sonhos*. Hoje muitas de suas teses, como o Complexo de Édipo e sua noção de que a libido é um dique de energia erótica sempre pronto a vazar por algum lado, são contestadas. Mas os casos clínicos dos quais tratou quando médico são narrativas de primeira. Se você quer uma boa introdução ao seu pensamento, leia *As ideias de Freud*, em que Richard Wollheim lembra como existem vários Freuds, não apenas um.

Cinco clássicos da filosofia

Cartas filosóficas – Voltaire
Elogio da loucura – Erasmo de Roterdam
Ensaios – Montaigne
O anticristo – Friedrich Nietzsche
O príncipe – Nicolau Maquiavel

Agora, um roteiro mínimo para descobrir a ciência

A filosofia anterior ao século XX e posterior ao XVI, por sinal, estava sempre muito próxima da ciência, das questões levantadas por descobertas científicas sobre conceitos como tempo e ordem. Aos poucos, neste início de século XXI, tal diálogo vai sendo retomado.

Nos livros sobre a Teoria da Evolução isso pode ser comprovado. A começar pelo próprio Charles Darwin. Seu *A origem das espécies*, além de suas cartas e seus diários, mostram que ele foi um grande prosador, que uniu uma sensibilidade estética (leitor de poesia e história que era) à aventura científica. Uma excelente introdução a suas ideias é *Darwin e os grandes enigmas da vida*, de Stephen Jay Gould, um biólogo que dedicou a carreira a demonstrar que o homem ocupa um lugar especial, mas não superior, em termos morais, na escala da evolução. Lendo Darwin – e sobre Darwin –, também na adolescência, comecei a sonhar em ser naturalista e viajar pelo mundo. Acredito que em qualquer fase da vida esse efeito libertário possa ser o mesmo.

Outra área em que ciências e humanidades vêm dialogando é a neurociência, a tentativa de definir como o cérebro dá origem à consciência humana, ao que chamamos de mente, o que na verdade é a mesma antiga e atraente discussão sobre matéria e espírito. *O mistério da consciência*, de Antonio Damásio, é a mais inovadora exposição sobre o tema surgida nos últimos tempos. E os livros de Oliver Sacks, como o famoso *Tempo de despertar* (filmado por Penny Marshall, com Robert de Niro e Robin Williams no elenco), são não apenas discussões sobre a riqueza da psicologia humana em pacientes afetados por lesões cerebrais, mas também narrativas clínicas de grande valor literário.

Cinco livros de Oliver Sacks

O homem que confundiu sua mulher com um chapéu
Com uma perna só
Enxaqueca
Tempo de despertar
Um antropólogo em Marte

Também gosto de ler sobre física, que, como a música, é cheia de mistérios e nunca poderei dominar. As biografias de Einstein por Abraham Pais e a de Newton por James Gleick são excelentes introduções à sua ciência e ao impacto cultural que tiveram. Já *O fim das certezas*, de Ilya Prigogine, aponta para a direção contemporânea ao mostrar que as descobertas da Relatividade e as da física quântica ainda precisam vencer suas contradições, indo além dos conceitos de determinismo (a ideia de que tudo está programado e o tempo é uma flecha irreversível) e de indeterminismo (a ideia de que tudo é casual e o tempo uma ilusão subjetiva). Não são leituras fáceis, é verdade, mas o século XXI já começa a se estruturar em torno dessas ideias.

Que tal um pouco de história e algumas doses de economia?

Outra tendência deste início de século são os livros (assim como os filmes) de não ficção ganhando força entre os leitores. E a história é protagonista dessa tendência, talvez por causa do fim da oposição ideológica do século xx e de acontecimentos de grande escala como o 11 de Setembro de 2001. Um livro que está no fulcro dessa curiosidade é *O choque das civilizações*, de Samuel Huntington, que relançou a visão "macro" da história ao dizer que certa hegemonia do capitalismo democrático ocidental não significaria o fim das turbulências mundiais.

Os clássicos da história não trazem apenas encadeamento cronológico de fatos, em geral protagonizados por estadistas, classificados em períodos delimitados por parâmetros econômicos. São também prosas de leitura saborosa, que dizem respeito a valores de cada indivíduo, e por isso se costuma afirmar que podem ser lidos "como romances". E que, mais do que isso, trazem sempre o ponto de vista de um autor inteligente, que articula argumentos sob o tecido narrativo – e não há nada de mau nisso. São essas características que fazem de *Ascensão e queda do Império Romano*, de Edward Gibbon, não só a maior referência sobre o período dos césares, mas também um dos textos fundadores da moderna prosa inglesa.

Outros grandes períodos históricos tiveram seus grandes narradores. Alguns dos livros-chave sobre a Idade Média são os de Georges Duby, como *Idade Média, Idade dos Homens*. Já *A cultura do Renascimento na Itália*, de Jacob Burckhardt, é uma brilhante viagem pela ascensão do indivíduo e da cultura ocidental numa época em que gênios das mais diversas áreas conviveram – e brigaram – em algumas cidades italianas. A Revolução Francesa pode ser muito bem servida com a leitura de *Cidadãos*, de Simon Schama, que mostra o cotidiano sendo contaminado pelas ideias iluministas. Outra revolução, a russa, de 1917, pode ser bem compreendida na *História concisa da Revolução Russa*, de Richard Pipes.

Um grande leitor dos conflitos do século xx é também um eficiente prosador inglês, A. J. P. Taylor, com destaque para *As origens da Segunda Guerra Mundial*. A leitura combinada de relatos como os de Primo Levi (*Os afogados e os sobreviventes*) – um químico e escritor que sobreviveu a Auschwitz e não faz demagogia com os sentimentos – e de biografias como as de Roy Jenkins (*Churchill*) terá, sem dúvidas, grande valor.

Cinco grandes narrativas históricas

A cultura do Renascimento na Itália – Jacob Burckhardt
Ascensão e queda do Império Romano – Edward Gibbon
Cidadãos – Simon Schama
História concisa da Revolução Russa – Richard Pipes
Idade Média, Idade dos Homens – Georges Duby

Um livro para entender os Estados Unidos, embora não seja de história, é *Democracia na América*, de Alexis de Tocqueville, um francês que viu antes o que o século XX comprovaria: a organização social mais horizontal dos EUA, combinada com a energia vinda da ideia de um país fundado para construir o futuro, criaria outro mundo.

Para a história brasileira, há trabalhos de síntese, como *A história concisa do Brasil*, de Boris Fausto, e ensaios sociológicos como *Raízes do Brasil*, de Sérgio Buarque de Holanda, que mostrou como, ao contrário dos Estados Unidos, nosso país não teve uma fundação com projeto liberal nítido, e sim se fez num processo que confundiu o público e o privado. Um clássico da antropologia, de originalidade absorvente e narrativa fluente, foi escrito a partir das experiências do autor com os índios brasileiros: *Tristes trópicos*, de Claude Lévi-Strauss. Coloque-o também na sua lista de obras fundamentais.

 O antropólogo Lévi-Strauss, que viveu no Brasil entre 1935 e 1939, realizando pesquisas sobre indígenas no Mato Grosso e na Amazônia, decidiu vir para nosso país quando um amigo o contatou e falou que, em São Paulo, estava sendo criada a USP: "Os arredores estão cheios de índios, e você vai poder continuar suas pesquisas", disse o amigo.

Alguns clássicos da sociologia e da economia são indispensáveis para rechear as leituras de história. *Ética protestante e o espírito do capitalismo*, de Max Weber, é essencial para entender o mundo surgido com a Revolução Industrial na Europa. Sua leitura pode ser reforçada com a de outros analistas da economia de mercado, do capitalismo de então e de hoje, como *O caminho da servidão*, de Friedrich Hayek, que mostra a razão do fracasso de um Estado que controla e intervém excessivamente, atrofiando a criatividade e, por extensão, a produtividade humana. Do outro lado, há, obviamente, *O capital*, de Karl Marx (o primeiro volume), que, além de uma tese (o capitalismo estaria condenado pela forma como extraía lucro da exploração do trabalhador), tem muita qualidade descritiva. E há ainda as ideias de Keynes sobre a necessidade de intervenção estatal periódica, as quais Robert Skidelsky resume bem em sua biografia do economista inglês.

No Brasil, infelizmente, faltam os economistas contemporâneos que, como Amartya Sen (*Desenvolvimento como liberdade*), demonstram que o desenvolvimento não se faz apenas com crescimento nominal do PIB, mas também com a distribuição de benefícios sociais, como o saneamento e a educação. Na busca entre uma combinação de mercado competitivo e distribuição de renda, ele não propõe a social-democracia e muito menos um "socialismo democrático" ou "socialismo liberal" (contradições já em termos), mas um caminho intermediário que todos os países desenvolvidos, com variação apenas das dosagens, adotaram.

Não esqueça dos ensaios, da crítica e das biografias

Os ensaístas, filhos de Montaigne, são muitas vezes garantia de leitura prazerosa. Os britânicos, especialmente: coletâneas de ensaios de Bernard Shaw (*O teatro das ideias*) e George Orwell (*Selected essays*), para ficar só em dois, podem ser inesquecíveis em sua contestação do senso comum. Também não posso esquecer o impacto que teve sobre mim a leitura de *O livro dos insultos*, de H. L. Mencken, um jornalista americano ateu e combativo, que, inspirado em Nietzsche e Bernard Shaw, atacou a tendência humana de preferir sempre a fantasia ao fato. Todos os três têm como outra característica o estilo ao mesmo tempo coloquial e colorido, persuasivo e charmoso.

> "O principal conhecimento que se adquire lendo livros é o de que poucos livros merecem ser lidos."
>
> H. L. Mencken

A leitura de crítica, por sinal, é tida como chata ou dispensável pela maioria das pessoas. Mas, como crítico e principalmente como cidadão, devo muito à leitura deles. Se você lê livros como *O castelo de Axel*, do crítico literário americano Edmund Wilson, e *A arte moderna*, do crítico de arte italiano Giulio Carlo Argan, vai entender de forma única o que foi a estética moderna (1870-1930), que ainda, queiram os pós-modernos ou não, é o chapéu debaixo do qual vivemos. Wilson escreve sobre autores como Proust e Yeats – e Argan sobre pintores como Picasso e Matisse – nos apresentando a suas obras, ao mesmo tempo que as analisa de modo que até os já familiarizados também encontram novidades. São, em outros termos, capazes de mesclar o objetivo e o pessoal com elegância incisiva. Eles nos mostram coisas que não enxergaríamos nas obras de arte; e isso, embora pareça, não é pouco.

Antes de mergulhar nesses e em outros críticos, porém, convém ler um livro como *Civilização*, de Kenneth Clark, base para uma série de TV inglesa. Clark descreve como o ser humano foi saindo das trevas medievais e descobrindo o poder da arte, da ciência e da tecnologia para derrubar dogmas e levantar cidades. Uma crença no "alargamento das faculdades humanas", sem cair com isso num discurso positivista ("o que vem depois é melhor do que o que veio antes"), é fundamental para a ideia de civilização. Até hoje me pego lembrando passagens desse livro tão bem escrito e pensando em como Clark lamentaria que a nossa sociedade digital, que se autointitula "do conhecimento", cada vez menos preza o talento de verdade, em favor das celebridades do momento.

Os meus outros críticos preferidos são: no teatro, Kenneth Tynan (*A vida como performance*), outro inglês que leu atores como Greta Garbo e Laurence Olivier de modo que não poderíamos; na arte, Robert Hughes (*Goya*), um australiano que escreve resenhas e biografias que também revelam o que mal tínhamos percebido nos grandes artistas e não tem medo de descartar os medíocres ainda que famosos; no cinema, François Truffaut (*Os filmes da minha vida*), ele também um diretor brilhante, prova de que o crítico e o artista podem conviver e também se estimular mutuamente; e na música, Charles Rosen (*Estilo clássico*), o maior entre os vivos, por sua capacidade de ir ao detalhe técnico sem perder a perspectiva humanista. Especificamente sobre a arquitetura, um belo livro é *História crítica da arquitetura moderna*, de Kenneth

Frampton, que, aviso desde já, não simpatiza muito com a grandiloquência de Niemeyer.

No Brasil, o maior ensaísta foi Otto Maria Carpeaux, capaz de dosar erudição e conversa (*Ensaios reunidos*). Mais ou menos o mesmo caminho que trilhou, pelos jornais, Paulo Francis, com seus ácidos comentários sobre política e arte. Uma reunião de suas frases, sempre espirituosas e polêmicas, estão publicadas na forma de verbetes em *Waaal – O dicionário da corte*. Mas o maior intelectual latino-americano do século XX foi mesmo Octavio Paz, autor de vários livros de crítica cultural e ensaio historiográfico, como *O labirinto da solidão*, em que mostra, como Sérgio Buarque de Holanda, a flacidez da tradição liberal entre os latino-americanos.

> "Não consigo imaginar um único inimigo. Ninguém me interessa o suficiente para que eu possa odiá-lo."
>
> Paulo Francis

Biografias e autobiografias (memórias) não ficam atrás em termos de prazer e conhecimento. Além das citadas ao longo deste texto (Newton, Goya, Einstein, Churchill, Keynes), uma biografia como a do crítico e ficcionista Samuel Johnson por James Boswell é um clássico que pertence a todas as coleções ao estilo *Great Books*. Outro clássico é a autobiografia em terceira pessoa do historiador e ensaísta americano Henry Adams, *A educação de Henry Adams*, que descreve como a formação que recebeu no século XIX não serviu para que entendesse as mudanças que antecipavam o século XX. Duas das maiores biografias sobre artistas são a de Proust por Georges Painter e a de Beethoven por Lewis Lockwood, que conseguem a proeza de unir relato da vida com análise da obra.

Cinco grandes biografias

Churchill – Roy Jenkins
Goya – Robert Hughes
Beethoven – Lewis Lockwood
Einstein – Abraham Pais
Newton – James Gleick

Também os diários, as cartas e os aforismos costumam ser tidos como gêneros "menores". Mas leia os diários de Samuel Pepys, as cartas de Virginia Woolf ou os aforismos de Oscar Wilde. Não são arte "maior"? Pepys relata sua ascensão no poder público inglês no século XVIII, descrevendo os semelhantes com realismo agudo e provando que o prêmio ao talento é um sinal de saúde tão importante para uma sociedade quanto as estatísticas socioeconômicas. Virginia Woolf reflete sobre a mulher moderna e sobre a revolução do comportamento no início do século XX, quando o ser humano foi abolindo a formalidade e a repressão dos séculos anteriores, seguindo daí a emergência da cultura jovem e da liberdade sexual. E Wilde coloca, em sínteses impressionantes, também as questões da moral moderna, tentando fazer da vida uma forma de arte em contínua reinvenção.

> "O maior perigo de todos é o de sermos excessivamente modernos. Corremos o risco de ficarmos repentinamente fora de moda."
>
> Oscar Wilde

O jornalismo literário merece igual observação: se você lê livros como os de Gay Talese (*Fama e anonimato*), com seus perfis e reportagens, ficará convencido de que um gênero sempre pode ser mais elástico do que parece. Assim como ao ler as crônicas jornalísticas de Machado de Assis. Eles são, como os demais exemplos, autores que provam que a realidade é tão complexa que nem a ficção nem a não ficção podem dar conta. O que você está esperando, então? Confira.

O que você precisa ouvir

Clássicos

Júlio Medaglia

A chamada "música clássica", na maioria das vezes, é tida como uma arte "muito elevada", algo um tanto quanto inatingível para o ser humano comum, possível de ser desfrutada apenas por poucos iluminados. Nada mais falso. Podemos não perceber, mas, ao contrário do que se costuma dizer por aí, a chamada "música clássica" faz parte do nosso repertório auditivo comum, de nosso convívio, assim como outras criações de diferentes áreas artísticas. Ninguém precisa frequentar um curso de arquitetura ou de escultura, por exemplo, para achar o Vaticano uma maravilha ou se emocionar diante da *Pietá*, de Michelangelo.

Quando se assiste a um filme de Spielberg, a trilha sonora executada pela orquestra possui rigorosamente os mesmos componentes técnicos e artísticos (não estilísticos, claro) de uma sinfonia de Tchaikovsky. Se a música que serve de fundo para as cenas de um *E.T.* ou de um *Superman* tivesse algo de estranho, esotérico ou hermético para o espectador comum, ela seria na verdade um elemento de rejeição ao filme e não um artifício que reforça a narrativa e, algumas vezes, consiste justamente em um dos motivos de seu sucesso com o público.

É certo que uma sinfonia de Mozart não faz parte do dia a dia das pessoas tanto quanto uma catedral vista numa praça, ou mesmo um bom perfume ou um bom vinho que se adquire facilmente pela internet. Muito menos quanto o belo *design* de um celular ou de uma simples embalagem de detergente. Isso porque o consumo – e o deleite – de uma sinfonia exige que se tenha sido educado para ele. Este é o ponto.

É preciso educar o olhar para se perceber toda a expressividade de um quadro, aperfeiçoar o paladar para se saborear um bom prato. Com o ouvido, é exatamente a mesma coisa. Na Europa, nos Estados Unidos ou no Japão, adquire-se o hábito de ouvir a chamada "música erudita" desde os bancos escolares, exatamente como acontece em relação à literatura, à geografia ou à língua pátria.

Dito isso, lembro que, há algum tempo, quando a Filarmônica de Berlim esteve no Brasil, metade de seus músicos veio à minha casa para beber caipirinha até ver o sol nascer. Convidei então o flautista Altamiro Carrilho, especialista em chorinho, para oferecer a eles a verve de nossa música popular instrumental. Foi emocionante ver aqueles músicos, considerados os melhores do mundo, numa posição de respeito absoluto diante de nosso endiabrado flautista, como se estivessem num templo ao ouvi-lo. Em seguida, aplaudiram-no de pé, como se ele fosse um monstro sagrado da música universal.

O que quero dizer é que, se a música é boa, não importa se ela é "erudita" ou "popular". O importante é saber ouvi-la, para poder desfrutá-la. E para isso é preciso, antes, claro, conhecê-la. Nas próximas páginas, você terá algumas informações básicas sobre a evolução da chamada "música clássica" ao longo dos séculos. Um pequeno guia de apreciação musical, que espero irá ajudá-lo a desfrutar uma das mais fascinantes obras da criação e da sensibilidade humana: a música. Bom deleite.

"Quem ouve música, sente a sua solidão de repente povoada."

Robert Browning

Comece pelo canto gregoriano

As pinturas milenares, que os homens pré-históricos deixaram nas paredes das cavernas, mostram que a música sempre esteve presente entre nós. Desenhos de instrumentos musicais primitivos e até algumas tentativas de notação musical rudimentares nos levam à certeza de que, seja como lazer ou como forma de comunicação entre indivíduos e comunidades, a música é tão antiga quanto o próprio homem. Infelizmente, não podemos saber, com precisão, como era a música produzida nesse tempo.

Na verdade, em termos musicais, pouco ou quase nada sabemos do que se produziu antes da Idade Média. Foi só a partir daí que um monge beneditino chamado Guido D'Arezzo descobriu um processo eficiente de documentação musical, com pentagrama, claves e notas, o que permitiu o registro manuscrito da música, processo que persiste até os dias atuais. Com isso, tornou-se possível que a música religiosa, cristã, da Idade Média, fosse impressa, ainda que por técnicas elementares de edição, e assim passasse a ser distribuída nas igrejas. Isso facilitou a sua preservação e permitiu que a conhecêssemos até os dias de hoje. Em relação à música profana, porém, que não tinha o apoio de uma instituição forte como a Igreja, muita coisa se perdeu no tempo, pois fora transmitida apenas na base do boca a boca.

Historicamente, o canto gregoriano foi o primeiro tipo de música que chegou até nós em sua plenitude. Esse canto, interpretado ainda hoje pelos monges e freiras em conventos e igrejas, se expressa por meio de uma espécie de melodia ininterrupta ("monodia"), sem acompanhamento de instrumentos, totalmente atrelada às inflexões do texto litúrgico latino.

O canto gregoriano recebeu esse nome porque foi o papa Gregório Magno que coletou uma boa quantidade de manifestações religiosas católicas cantadas da época, organizou-as e deu início a um processo artesanal de edição, a partir do século VI.

Para quem deseja um roteiro básico e um convite inicial à apreciação da chamada música erudita, esse é um bom começo. Existem centenas de gravações de canto gregoriano disponíveis nas lojas de CDs, a maioria delas referentes às partes fixas da missa: *Kyrie*, *Gloria*, *Credo*, *Sactus*, *Benedictus* e *Agnus Dei*. Se preferir a emoção de uma audição ao vivo, saiba que nos mosteiros beneditinos brasileiros, por exemplo, podem-se ouvir exibições da melhor qualidade dessa música cantadas por corais de frades, em geral nas missas dominicais.

Conheça um pouco da *Ars Antiqua*

Avançando no tempo, temos a música produzida nos séculos XII e XIII, chamado Período Gótico, também conhecida como *Ars Antiqua*. Paris era o epicentro da produção cultural desse tempo. Era a época dos trovadores, das cruzadas e da construção das grandes catedrais católicas. Aliás, foi nessas igrejas, particularmente na famosa Notre Dame de Paris, no final do século XII e durante o século XIII, que os compositores começaram a desenvolver a polifonia, ou seja, a superposição de duas, três e até quatro vozes. É também o período em que os autores saem do anonimato e começam a ter seus nomes conhecidos e divulgados. Os compositores mais famosos do período foram Léonin (ou Leoninus) e Pérotin (ou Perotinus). Existe um bom número de gravações modernas, em CD, desses dois autores. Vale a pena ouvi-las.

Passeie pela *Ars Nova*

A música do século XIV, em contraposição à *Ars Antiqua*, era chamada de *Ars Nova*. Foi um período de grande efervescência literária, época em que surgiram poetas geniais como Petrarca, Boccacio e Dante. Com a chamada Guerra dos 100 Anos, travada entre França e Inglaterra, a Itália passou a assumir a liderança cultural do mundo. A essa altura, a música profana passou a predominar sobre a religiosa. Desenvolveu-se ainda mais a polifonia, criaram-se novas formas, adquiriram-se liberdades rítmicas, o canto melódico tornou-se mais "florido", como se dizia.

Francesco Landini, Vincenzo da Rimini e Giovanni da Caccia foram os compositores italianos mais famosos do período. Mas o grande nome do século foi mesmo o do francês Guillaume de Machaut. Sua *Missa de Notre Dame* situa-se no nível das obras monumentais da música sacra ocidental. Recomendo que você, após ouvir os cantos gregorianos e as composições góticas, ouça a obra de Machaut, também disponível em CD, gravada por grandes músicos contemporâneos.

Para ouvir a *Ars Nova*

Missa de Notre Dame – Guillaume de Machaut

Viaje pela Escola Flamenca

O século XV representou a efetiva transição entre a chamada Idade Média e a Renascença. As técnicas de criação musical já estavam muito desenvolvidas e surgiu até mesmo certo virtuosismo do contraponto, ou seja, a superposição de vozes, de melodias. A vanguarda desse experimentalismo saiu da França e da Itália e deslocou-se para os Países Baixos, onde se originou a chamada Escola Flamenca. Aqui, tanto a música religiosa como a profana usufruíam, da mesma forma, dessas novas tecnologias de composição. Os principais nomes dessa escola foram Jean Ockeghem, Jacob Obrecht, Pierre de la Rue, Heinrich Isaac e o maior gênio daquele século, Josquin Desprez (ou Des Près). Com grande atuação em toda a música europeia, ocupando sempre altos cargos em diversas instituições, inclusive na capela papal, Josquin Desprez foi um dos autores que mais contribuíram para a tecnologia composicional da Renascença, que viria a seguir.

Para ouvir a Escola Flamenca

Missa Pange Língua – Josquin Desprez (música religiosa)
Au travail suis – Jean Ockeghem (música profana)

Mergulhe nos sons da Renascença

O século XVI foi um dos mais inspirados da história de cultura ocidental. Foi a época, na pintura, de Michelangelo, de Leonardo Da Vinci, Tiziano, Dürer e Holbein. Nas letras, de Shakespeare, Maquiavel, Rabelais, Montaigne, Ronsard, Cervantes, Bacon, Spencer e Ben Johnson. Foi, também, o tempo de grandes transformações na ciência, com Copérnico e Galileu. Enquanto isso, a figura de Lutero provocava uma hecatombe nos domínios do cristianismo, o que forçou a Igreja a reagir com a Contrarreforma.

Toda essa movimentação cultural e religiosa motivou também grande excitação na criatividade musical do período. As sofisticadas técnicas de composição da época, sobretudo com o uso do contraponto, espalharam-se por toda a Europa. Em todos os países surgiram grandes autores, que, fazendo uso da polifonia, criaram músicas com diferentes colorações, para fins litúrgicos e profanos.

Em meio a uma profusão de nomes, vale destacar aqui pelo menos quatro, todos de decisiva importância não só para a música do período, mas cujos talentos privilegiados ajudariam a alterar a história da música universal. O primeiro deles é Giovanni Pierluigi da Palestrina, o maior mestre do contraponto renascentista religioso. Suas missas e obras litúrgicas para vozes *a cappella* (sem acompanhamento instrumental) são de uma cristalinidade e beleza só comparáveis às obras de seus conterrâneos em outra área, como Michelangelo ou Da Vinci. Existem centenas de gravações de obras de Palestrina, mas recomendo, especialmente, a *Missa Papae Marcelli*.

Na área da música profana, o nome a destacar seria o de Don Carlo Gesualdo, mais conhecido como "Gesualdo, Príncipe de Venosa", um homem de vida atribulada, que chegou a mandar matar a esposa infiel e o amante dela. Embora tenha composto música sacra, Gesualdo foi o mais inspirado autor de madrigais, peças profanas a várias vozes, geralmente de temática amorosa. São antológicos seus seis livros de madrigais a cinco vozes e a coleção póstuma de madrigais a seis vozes, todos hoje fartamente gravados em CD.

 Uma das principais contribuições da música renascentista foi a chamada "música pura", ou seja, apenas instrumental, que ao se libertar de sua origem vocal permitiu a criação de um mundo sonoro independente da palavra.

Outro compositor fundamental do Renascimento italiano foi Giovanni Gabrielli. Foi ele o primeiro a colocar música puramente instrumental nas igrejas, o que causou um rebuliço na época, sobretudo pelos instrumentos de metal. Os críticos diziam que o demônio havia tomado conta dos templos com aquela música estridente. Com o tempo, os fiéis foram se acostumando com a beleza das sonoridades e com os efeitos estereofônicos que criava, pois Giovanni Gabrielli colocava grupos instrumentais que "dialogavam" e se "respondiam" em lugares diferentes das igrejas, mais particularmente na de São Marcos de Veneza. Suas fanfarras e músicas para grandes grupos de instrumentos de metais fizeram enorme sucesso em todo continente, foram muito copiadas e serviram de base para o brilho da música do estilo seguinte, o Barroco. São famosas e muito gravadas suas *Canzone per sonar.*

A quarta figura essencial desse período é Claudio Monteverdi, que, além de ter escrito música religiosa e profana de grande qualidade e efeito, foi praticamente o criador da dramaturgia sonora moderna, a ópera. Com o uso de efeitos sonoros instrumentais, do coro acompanhado pela orquestra e se movimentando em cena, além do recitativo – uma forma coloquial de cantar um texto –, ele praticamente se tornou referência para os autores operísticos que se seguiram. Sua ópera *Orfeu* é antológica, mas seus madrigais são de igual beleza e importância, todos até hoje ainda gravados pelos melhores artistas do mundo.

Para ouvir a música renascentista

Missa Papae Marcelli – Giovanni Pierluigi da Palestrina
Madrigais – Don Carlo Gesualdo
Canzone per sonar – Giovanni Gabrielli
Orfeu – Claudio Monteverdi

Preste atenção à grandiosidade do Barroco

Apesar de ter sido também um período de grande efervescência cultural em todas as áreas, com figuras como Descartes, Spinoza, Pascal, Corneille, Racine, Molière, Rembrandt, Rubens, Van Dyck, Velásquez e El Greco, o grande impulso na área da música nesse período veio dos movimentos da Contrarreforma. Por meio de um forte "investimento" na música, a Igreja pretendia restabelecer sua presença e influência na sociedade. Como consequência, a nobreza e as classes sociais superiores passaram também a cultivar a música intensamente.

Houve assim, a esse tempo, um equilíbrio na produção sacra e religiosa. A despeito de ter sido o período de descoberta do brilho e do virtuosismo instrumental, houve igualmente um equilíbrio na produção de música vocal e instrumental. Além disso, desenvolveu-se sobremaneira nesse tempo o teatro musicado e o empenho de fazer a música narrar ou ilustrar fatos e enredos.

Os italianos representaram, mais uma vez, a vanguarda das ideias da época. Os mais expressivos músicos europeus, como Bach ou Händel, por exemplo, não hesitavam em viajar à Itália e copiar manuscritos de compositores italianos, com o objetivo de aprenderem a escrever música com igual verve, virtuosidade e inerente dramaturgia.

Seria necessária aqui uma extensa lista para apontar os principais nomes do Barroco musical. Para quem deseja se iniciar nesse estilo de época, os fundamentais são Antonio Vivaldi, Heinrich Schütz e, especialmente, Georg Friedrich Händel e Johann Sebastian Bach. Händel, alemão que passou a maior parte de sua vida viajando, viveu sobretudo na Inglaterra e, não por acaso, é considerado um compositor inglês. Escreveu muitas óperas, cantatas, oratórios. Entre eles, *O Messias*, com a famosa *Aleluia*. Quanto a Bach, este merecia, sozinho, um capítulo à parte.

Johann Sebastian Bach, o mais universal de todos os músicos da cultura ocidental, foi, na realidade, uma figura provinciana. Nunca saiu de um circuito geográfico de 80 km. Austero e de restrita vida familiar, teve 22 filhos, alguns bem importantes como autores e teóricos. Escreveu muita música religiosa, pois era funcionário (*Kantor*) da igreja de São Tomás, em Leipzig, onde passou a maior parte de sua vida.

Seus *Seis concertos de Brandemburgo*, suas peças para cravo e órgão, violino e música de câmara perfazem um grande compêndio básico da música ocidental. Em obras de cunho excessivamente experimentais, como *A arte da fuga*, *O cravo bem temperado* ou *Oferenda musical*, Bach praticamente criou um código estrutural para a composição musical que se seguiu, básica até os dias atuais.

Para ouvir a música barroca

As quatro estações – Antonio Vivaldi
Paixão Segundo S. João – Heinrich Schütz
O Messias – Georg Friedrich Händel
Concertos de Brandemburgo – Johann Sebastian Bach

Você está pronto para ouvir o Classicismo

Ao contrário dos fortes impactos do Barroco, o Classicismo foi um período de ideais "apolíneos" na concepção musical, período de objetividade, de contenção emocional e de apego a formas claras e bem-estruturadas.

> **Apolíneo.** O termo "apolíneo" é derivado de Apolo, o deus da beleza na mitologia grega. Por extensão, nas artes e na filosofia, refere-se a tudo o que é belo, equilibrado e harmonioso. É utilizado em oposição ao termo "dionisíaco" – proveniente de Dioniso ou Baco, o deus do vinho e da fecundidade –, que por sua vez exprimiria uma estética espontânea, vibrante, anárquica e arrebatada.

Pode-se dizer que, se o Barroco organizou o vocabulário da música ocidental, o Classicismo estabeleceu a gramática. Se, no primeiro, a música era composta por uma sucessão de peças curtas e de impacto, no segundo, o surgimento de novas formas ensinou os autores a desenvolverem longos discursos musicais. O espírito musical da época era "florido", repleto de refinadas ornamentações. Ou, ainda, "estilo galante".

Contrastando com a objetividade e a sobriedade das ideias artísticas da época, esse foi também o período das guerras napoleônicas, das Revoluções Francesa e Americana. Na música, além do desenvolvimento das formas, os instrumentos evoluíram, a orquestra cresceu e os recursos técnicos de composição se expandiram. Na virada do século XVIII para o XIX, por exemplo, nasceu o piano que conhecemos hoje.

Na passagem do Barroco para o Classicismo, existiu um período chamado Pré-clássico, no qual merecem referência figuras importantes, como dois filhos de Bach, Johann Christian e Carl Philip Emanuel, além de Dittersdorf e Boccherini. É interessante salientar também que, no final de século XVIII, desenvolveu-se aqui no Brasil uma rica cultura musical, decorrente da fartura da mineração. Nas cidades coloniais de Minas Gerais, cultivava-se intenso profissionalismo, sobretudo em relação à música religiosa, escrita por mulatos brasileiros. Ouça-se, por exemplo, as gravações de *Mestres do Barroco Mineiro* (CD em dois volumes) do selo Festa.

Do mesmo modo, no início do século XIX, surge no Rio de Janeiro a figura do padre mulato José Maurício Nunes Garcia, que assimila toda a estética clássica e torna-se o autor de uma expressiva música religiosa. Nunes Garcia chegou a ser considerado por um aluno de Haydn que passou pelo Rio de Janeiro "o maior improvisador ao cravo do mundo". Dele, confira a gravação da *Missa pastoril*, realizada pelo grupo suíço Turicun, disponível em CD.

Mas, do outro lado do oceano, durante o Classicismo, o eixo básico da grande criação musical deslocava-se para a Europa central – Alemanha e Áustria –, por meio dos nomes de Gluck, Haydn, Mozart e Beethoven. Gluck operou uma importante reforma na área da ópera, livrando-a de maneirismos adquiridos nos períodos anteriores. Haydn e Mozart fixaram formas de narração e criaram farta obra com dezenas de sinfonias, concertos para os mais diversos instrumentos e muitos quartetos – dois violinos, viola e violoncelo. Haydn trouxe ainda grandes contribuições para a área da música religiosa e Mozart introduziu a criação da ópera na Europa central, escrita em idioma não italiano.

Mas foi Ludwig van Beethoven o verdadeiro furacão do Classicismo e o inventor do Romantismo, o estilo que, como veremos a seguir, dominou o século XIX. Beethoven expandiu sua obra por todos os domínios da criação musical – sinfonias, óperas, músicas de câmara, concertos etc. –, fez explodir as formas tradicionais e introduziu a alma humana nas entranhas da criação sonora. Angústias e alegrias, tristezas e júbilos, denúncias políticas ou rebeldias, tudo passou a ser explicitado por meio dos sons, liberando o artista da condição de subserviência a poderes religiosos ou laicos.

Para ouvir o Classicismo

Efigênia em Aulis (ópera) – Gluck
Concerto para trompete em mi bemol – Haydn
Réquiem – Mozart

Chegamos ao Romantismo

O Romantismo foi o período do individualismo, da emocionalidade, da subjetividade, da valorização do antigo (sobretudo o medieval), do sobrenatural (mágicos, feiticeiros, fadas, espíritos etc.), do fantástico, do místico e do nacionalismo.

Em consequência disso, a música desse período é extremamente diversificada. As canções e as óperas refletiam a diversidade humana, e o folclore dos vários países começava a frequentar as salas de concertos, sobretudo na segunda metade do século XIX. A orquestra se agigantou, criaram-se virtuosísticos concertos, sobretudo para piano e violino. A figura do solista, em geral o próprio compositor, passou a enfrentar grandes plateias. Figuras como Chopin e Liszt, ao piano, além de Paganini, ao violino, enlouqueceram audiências com seus instrumentos enfeitiçados.

No Brasil, no final do século XIX, o compositor Alberto Nepomuceno provocou escândalo entre os conservadores ao introduzir nas salas de concerto, pela primeira vez, elementos musicais folclóricos brasileiros e canções cantadas em português.

A Áustria e a Alemanha foram os países líderes da música desse período, em que a música coral tornava-se menos importante. O Romantismo foi também o período das peças curtas para piano – noturno, arabescos, baladas, fantasias, romanzas, estudos etc. – e da estilização das danças, como a valsa vienense, *polonaises*, mazurcas e polcas. Na área da música orquestral pura, desenvolveu-se o poema sinfônico, em geral uma peça grandiosa baseada em um texto literário. Havia também a suíte sinfônica (normalmente extraída de obras preexistentes, de balés, por exemplo) e a *overture*, uma obra sinfônica curta e fechada.

Na área da ópera, três importantes novas linguagens merecem destaque. No início do século XIX, o italiano Rossini mudou-se para Paris e criou a chamada *grand opera*, com textos épicos, baseados em grandes acontecimentos históricos ou romances famosos – o grande nome desse estilo foi Giuseppe Verdi. Na França, brilhava a *opera comique*, que desembocaria na opereta, uma espécie de crônica de costumes bem-humorada. Mas, com a influência de Von Suppé, na realidade um compositor italiano que se mudara para a Áustria, a opereta vienense é que dominará o gênero, com figuras como Franz Lehar e Johann Strauss Jr.

Em meados do século xix, Richard Wagner operaria a maior transformação estrutural da ópera, interligando música, texto e cenografia. A ópera ganhou fluência e grande coloquialidade na expressão, sem interrupções para os exibicionismos e os cacoetes de cantores. Desaparecem os maneirismos do gênero, como os virtuosismos demagógicos e os balés quase isolados da trama. Em 1858, Wagner, ativista político e fugitivo da revolução contrária à unificação germânica, isola-se na Suíça e, financiado pelo imperador brasileiro D. Pedro ii, cria a sua maior obra, a ópera *Tristão e Isolda*, cuja *première* queria fazer no Brasil, em homenagem a seu mecenas.

"O vaso dá uma forma ao vazio e a música ao silêncio."

Georges Braque

No final do século xix, surgiu na Itália o Verismo. Aqui abandonaram-se as lendas e os romances famosos e fantasiosos. Os personagens ganharam verossimilhança, deixaram de ser fadas e passaram a ser "pessoas de carne e osso". As histórias eram extraídas do dia a dia do homem comum. A transformação da *grand opera* no Verismo deu-se nas décadas de 1870-1880 e o líder dessa transformação foi o mulato brasileiro Antônio Carlos Gomes, o compositor mais executado no Scala de Milão (depois de Verdi) naquelas duas décadas. Os principais nomes do Verismo foram Puccini, Mascagni (ambos alunos de Carlos Gomes) e Leoncavallo.

Acompanhando essas tendências, surgiram em outros países europeus grandes autores de óperas, como Tchaikovsky, na Rússia, e Bizet, na França. Na área da música sinfônica, os principais nomes foram Beethoven, com suas nove sinfonias e aberturas famosas; Berlioz, com a ampliação do artesanato orquestral; Brahms, com suas quatro sinfonias e diversas aberturas que reuniram o espírito romântico com o senso de organização formal clássico; e novamente Tchaikovsky, com suas sete sinfonias, concertos (sobretudo para violino e piano) e três balés (*Bela Adormecida*, *Quebra-nozes* e *Lago dos cisnes*).

Há outros importantes compositores do Romantismo, que não podem deixar de ser citados. Weber, por exemplo, precursor da ópera alemã de Wagner. Schubert e Schumann, autores de canções, músicas para piano e sinfonias. Mendelssohn, compositor de oratórios, sinfonias e músicas para piano, além de grande maestro, que redescobriu a obra de Bach, descartada do mapa cultural durante o Classicismo. Ainda Belini, Donizetti e Rossini, precursores de Verdi e da ópera romântica italiana. Dvorak e Smetana, oriundos da República Tcheca e Eslováquia, que trouxeram as cores musicais de seus países às salas de concertos. E, por fim, o norueguês Grieg, compositor nacionalista, grande nome da música na Escandinávia.

Para ouvir o Romantismo

Óperas
O Barbeiro de Sevilha – Rossini
La Traviata – Verdi

Operetas
A Viúva Alegre – Franz Lehar
O Morcego – Johann Strauss Jr.

Piano
Polonaises – Chopin
Improvisos – Schubert

Concertos
Concerto n. 1 para piano e orquestra – Brahms
Concerto n. 1 para piano e orquestra – Tchaikovsky

Violino
Concerto para violino e orquestra – Mendelssohn
Concerto para violino e orquestra – Brahms

Sinfonias românticas
Sinfonias n. 5 e 6 – Tchaikovsky
Sinfonia n. 4 – Brahms

Balés

O Lago do Cisne – Tchaikovsky

Giselle – Adolphe Adam

Poemas sinfônicos

Romeu e Julieta – Tchaikovsky

Mazeppa – Liszt

A música chegou ao século xx

O século xx foi o mais revolucionário da história da humanidade. A incrível sucessão de valores e tecnologias foi acompanhada também por uma dinâmica atividade artística. No final do século xix, um sem-número de tendências se entrechocaram e se afunilaram até o ano de 1913, quando foram realizadas as mais radicais e inovadoras obras musicais até aquele momento: *Jeux*, de Claude Debussy, *Pierrot Lunaire*, de Arnold Schönberg, e *Sagração da primavera*, de Igor Stravinsky. Esta última, inclusive, é considerada por muitos a maior obra do século, um clássico eterno, que estaria para o mundo musical no mesmo nível que está, para a literatura, o *Fausto*, de Goethe, a *Divina comédia*, de Dante, a *Ilíada* ou a *Odisseia*, de Homero.

As tendências românticas do final do século xix encontraram em Mahler, Bruckner e Richard Strauss autores que pretendiam dar-lhes novas roupagens, "mais modernas", a fim de trazê-las para dentro da nova era. Schönberg partiu daí, mas levou esse Romantismo tardio à exacerbação e o fez explodir nas angústias do Expressionismo.

Expressionismo e Impressionismo. Os dois termos foram tomados emprestados das artes plásticas. No Expressionismo, o artista busca recriar o mundo, em vez de apenas captá-lo ou moldá-lo conforme as leis da arte tradicional. Em música, isso significará a intensidade de emoções e o distanciamento do padrão estético tradicional. No Impressionismo musical, as obras musicais propõem-se a descrever imagens e, por isso, várias peças têm nomes ligados a paisagens, como *Reflexos na água*, de Debussy.

Outra e curiosa tendência, nascida ainda em meados da década de 1880, foi provocada pelo excêntrico e solitário Erick Satie, o mais genial precursor de uma nova era. Quando compôs nesses anos as suas *Gymnopedies*, imaginava desarmar a catarse romântica e livrar o som da enorme carga de conteúdos que a história lhe havia sobrecarregado. Debussy o procurou, foi decisivamente influenciado por ele e desenvolveu uma obra disciplinada que resultou no chamado Impressionismo.

Outra figura precursora do século foi o norte-americano Charles Ives. Livre do peso das tradições europeias, por viver em outro continente em plena expansão, Ives questionou e ironizou toda a história da música, criando uma obra visionária, sem precedentes. Como não conseguia ser compreendido, parou de compor na década de 1910 e foi trabalhar com seguros. Só nos anos 1950 é que sua criação foi reavaliada e executada.

Qual a importância de Villa-Lobos para a música universal?

Villa-Lobos foi o grande nome da música brasileira no século XX, sendo o artista nacional mais prestigiado no exterior. Criando uma espécie de "diálogo" entre a matéria-prima fornecida por nossas raízes culturais e o sofisticado *know-how* da música europeia, apresentou tanto uma visão crítica de nosso folclore quanto dos principais valores da música ocidental.

Na década de 1920, enquanto o mundo explodia com o *jazz* e se processava uma grande revolução de comportamento só comparável à dos anos 60 no século XX, duas curiosas tendências, antagônicas, surgiam na música.

De um lado, Schönberg, Anton Webern e Alban Berg criavam a Escola de Viena e desenvolviam um processo de composição chamado dodecafonismo. A ideia era filtrar completamente o som, torná-lo livre de todo o peso expressionista, dos nacionalismos e romantismos. Trabalhar o som como se fosse um mosaico não figurativo, livre de determinismos e "ranços" tradicionais de qualquer natureza. Chegar a uma abstração semelhante à de um Mondrian, na pintura, por exemplo.

Porém, havia uma tendência dita "reacionária" que, talvez decepcionada com os efeitos da Primeira Guerra Mundial dentro de um continente tão civilizado, resolvera voltar às raízes, porventura para reencontrar seu eixo.

Nascia ali, no chamado período entreguerras, o Neoclassicismo. O autor mais bem-sucedido desse movimento foi Carl Orff, com sua *Carmina Burana*. Baseada em textos encontrados em mosteiros da Baviera, essa obra, tanto quanto as demais de Carl Orff, é vazada num vigor rítmico tribal que enfeitiça o espectador. Não é à toa que migrou das grandes salas de concertos para anúncios de sutiã na TV e até mesmo para os discos de Michael Jackson.

Para ouvir a música do século XX

A sagração da primavera – Igor Stravinsky
Gymnopedies – Erick Satie
Till Eulenspiegel – Richard Strauss
Noturnos – Debussy
Carmina Burana – Carl Orff

Vanguardas do final do século XX

Pela primeira vez na história, iria se fazer música não com um pau furado, um tambor ou uma corda vibrando, mas com um fio ligado na tomada. Nascia a música concreta. Pierre Schaeffer, um sonoplasta da Rádio Difusão Francesa, resolveu criar uma música de ruídos. Passou a gravar milhares de sons da natureza e, depois, com esse repertório de timbres, ia ao estúdio e trabalhava-os, dando "sentido musical" àquelas sonoridades, aparentemente "não musicais". Quando Maurice Béjart dançou a sua *Sinfonia para um homem só* no início dos anos 1950, aqueles experimentos ganharam "*status* cultural".

Para ouvir a música do final do século XX

Trilha sonora do filme *Koyaanisqatsi* – Philip Glass
Salmos de David – Penderecki

Depois de fazer contato com a vanguarda parisiense, o jovem músico alemão Karlheinz Stockhausen voltou a seu país e iniciou a implantação do que chamou de música eletrônica. Agora os sons eram criados artificialmente a partir de geradores eletrônicos de frequências. Ou seja, o autor não apenas criava a música, mas também os sons – diferente da tradição, em que as sonoridades eram aquelas dos instrumentos tradicionais. Logo em seguida, na década seguinte, a criação dos chamados sintetizadores ampliaram ainda mais os recursos de criação musical, facilitando a geração de novos sons eletrônicos em pequenos aparelhos transportáveis e não mais em estúdios fixos.

Contudo, semelhante ao que ocorreu depois da Primeira Guerra Mundial, quando surgiu o movimento Neoclássico, no final do século XX surgiu outra vertente ainda mais "reacionária", um "Neorromantismo", às vezes com uma espécie de "religiosidade sentimental". Poderíamos citar como nomes representativos dessa fase figuras como Philip Glass e Krzysztof Penderecki. Uma volta ao começo.

Ir a salas de concertos é uma experiência maravilhosa. Se você não é um frequentador habitual, siga algumas regras que lhe permitirão ter maior proveito sem dar vexame de neófitos deslumbrados.

- Prepare-se para o concerto. Saiba o que vai ser tocado, busque informações sobre o compositor, a orquestra, o maestro, os solistas. Quanto mais você se informar, mais usufruirá.

- Não use em grandes quantidades loção, perfume, *mousse* ou qualquer produto que possa causar alergia a seus vizinhos. Muitos espirros e tosses seriam evitados se as pessoas pensassem nos outros ao se arrumar para o evento.

- Nunca chegue atrasado. E, se chegar, espere silenciosamente fora da sala até o primeiro número terminar e sua entrada ser autorizada.

- Nunca converse durante a execução de uma peça. Não ajude o maestro a reger, mesmo que você conheça a música de cor. O regente também conhece.

- Não bata os pés, não tamborile os dedos, não fique mudando a cabeça de posição o tempo todo. Concentre-se e não desconcentre os outros.

- Nunca aplauda entre os movimentos. Se não souber quando aplaudir, espere que os outros o façam antes.

Jazz

Carlos Calado

Não foi à toa que já o chamaram de trilha sonora do século xx. Quando o escritor Scott Fitzgerald usou a expressão "Era do *jazz*" para representar o espírito de modernidade que se infiltrou na sociedade norte-americana, nos anos 1920, essa música mal tinha atingido a maioridade. Mas durante as décadas seguintes, o jazz amadureceu e se desenvolveu em diversos estilos e fusões, até se estabelecer como a mais autêntica das artes criadas nos Estados Unidos. E não parou por aí, tornando-se um gênero musical cultivado em todo o mundo. Hoje pode ser ouvido a qualquer hora, em clubes noturnos, em salas de concertos, no cinema, no rádio, na tv, na internet.

Apesar de se tratar de um gênero musical mais requintado do que outras vertentes atuais da música popular, como o *rock*, o *funk* ou o *reggae*, ninguém precisa saber ler partituras para apreciar o jazz. Qualquer um pode se interessar, ou mesmo se apaixonar por essa música, com a simples audição de um disco de Duke Ellington, Billie Holiday, Miles Davis ou outros mestres desse gênero. O jazz é acessível, música capaz de falar por si mesma. Para apreciá-lo, basta acumular alguma familiaridade com a sua linguagem, mesmo sem dominá-la tecnicamente.

Afinal, o que é jazz?

O primeiro passo para quem quer se iniciar no jazz é simples: ouvi-lo, se possível, ao vivo. Assistir a uma apresentação de jazz pode ser uma experiência tão emocionante quanto um concerto sinfônico ou um *show* de rock. Mas o que mais diferencia o jazz de outros gêneros é sua essência improvisada. Grande parte dessa música é criada na hora que está sendo tocada, por meio da improvisação, que nada mais é do que um método de composição instantânea. É ela que faz do jazz uma arte imprevisível, em contínuo processo de recriação. Também há relativas doses de improvisação no *blues*, no rock ou mesmo na música erudita, mas em nenhum desses gêneros a improvisação é tão radical como no jazz.

Obviamente, nem tudo é aleatório numa improvisação jazzística. A maioria dos músicos costuma seguir certas convenções, que funcionam como parâmetros para seus improvisos. Entre as convenções mais comuns está a chamada "forma canção" (composta pelo "tema", parte inicial da canção, que é repetida e seguida pela segunda parte, voltando-se então ao "tema"). Dentro desses limites formais, o jazzista tem plena liberdade para recriar tanto a melodia, como a harmonia e o ritmo dessa canção. O que significa, praticamente, criar uma nova composição.

> "O jazz é a liberdade."
>
> Archie Shepp

Bate-papos musicais

Mesmo quem nunca tocou um instrumento musical, nem sabe distinguir um acorde maior de um acorde menor, pode acompanhar os improvisos do jazz com grande prazer. Aliás, até a década de 1950, grande parte dos jazzistas não teve a chance de frequentar conservatórios ou escolas de música. Mas o fato de não saberem ler uma partitura não os impedia de se entenderem com os jazzistas escolados. Quando alguém perguntava ao veterano Lester Young qual era o segredo de seus elegantes improvisos, ele ensinava: "Você precisa contar uma história".

Com essa analogia, o mestre do sax oferece uma valiosa pista, para quem não domina tecnicamente a linguagem musical, do que acontece entre os jazzistas durante os improvisos. A relação entre os músicos de um quarteto, por exemplo, é similar à de um bate-papo. Na hora do improviso, o jazzista pode "contar histórias", pode "conversar" com os parceiros ou mesmo "discutir" com eles. E ainda que todos usem a mesma linguagem, o vocabulário, o sotaque e a personalidade de cada um contribuem para que cada improviso seja único, inédito.

Outro aspecto essencial está no fato de o jazz se basear na criação coletiva. Mesmo que cada solista tenha um espaço definido para improvisar, as intervenções dos parceiros influem diretamente nessa criação. Os "comentários" simultâneos dos outros músicos podem estimular o solista a "falar" mais depressa, podem surpreendê-lo, fazê-lo "rir" ou até obrigá-lo a mudar de assunto. Esse poder de criar música na hora, sem ensaio prévio, é um dos atributos mais encantadores do jazz.

No cinema e na literatura

O cotidiano dos jazzistas já serviu de enredo a reveladores filmes e romances:

- *Por volta da meia-noite* – Filme de Bertrand Tavernier, inspirado em histórias de jazzistas autoexilados na Europa. O saxofonista Dexter Gordon interpreta o papel principal.
- *Bird* – Filme de Clint Eastwood, que retrata com realismo a vida do saxofonista Charlie "Bird" Parker, um dos criadores do *bebop*.
- *No rastro de Chet Baker* – Romance policial do jazzista Bill Moody. Um pianista e detetive amador investiga a misteriosa morte do trompetista Chet Baker.

Por que tantos estilos?

Como aconteceu na música erudita ou nas artes plásticas, o jazz também se desenvolveu em estilos que refletem, de modo mais ou menos claro, certas conjunturas históricas e sociais. De modo geral, pode-se dizer que a cada época corresponde um diferente estilo de jazz. Mas o fato de um estilo ser sucedido por outro – supostamente mais atual – não implica que o anterior deixe de ser cultivado. Eis aqui outra característica fascinante dessa música: quase todos os estilos do jazz continuam sendo tocados e gravados.

Portanto, conhecer a história do jazz significa acompanhar a evolução de seus estilos e os músicos que os desenvolveram. Nessa trajetória, que já se estende por mais de um século, encontramos jazzistas que permaneceram fiéis a um determinado estilo, enquanto outros acompanharam a evolução do jazz tocando vários. O maestro e pianista Duke Ellington, que também cultivou diferentes estilos de jazz em sua obra monumental, sintetizou muito bem a vocação dessa música: "O jazz é a liberdade de possuir muitas formas".

Ironicamente, apesar de Nova Orleans ter se consagrado no início do século XX como a grande incubadora do jazz, a primeira gravação oficial desse gênero só veio acontecer em Nova York, em 1917. E a ironia não parou por aí: além de imitar o estilo *New Orleans*, a Original Dixieland Jazz Band, intérprete desse pioneiro disco, era formada por cinco músicos nova-iorquinos, todos brancos.

Onde nasceu o jazz?

Assim como o samba é uma forma de expressão musical que só poderia ter se desenvolvido no Brasil, o surgimento do jazz nos Estados Unidos, na virada para o século XX, é explicado por fatores econômicos, sociais e culturais. Resumindo essa história, o jazz foi criado pelos descendentes dos escravos a partir de elementos da música africana, da música europeia e de várias formas musicais afro-americanas, como hinos religiosos, canções de trabalho, o blues (gênero que pode ser considerado o pai do jazz e de toda a música popular norte-americana de origem negra) e o *ragtime* (estilo de música dançante para piano, criada no final do século XX), entre outras.

A cidade de Nova Orleans – no estado da Louisiana, ao sul do país – é conhecida mundialmente como o "berço" do jazz, mas isso não passa de meia-verdade. Vários pesquisadores apontam evidências de que o jazz também se manifestou em outras áreas dos EUA, na mesma época. Porém, não é exagero dizer que Nova Orleans foi a grande incubadora do jazz, especialmente por ser uma cidade em que negros e brancos tinham mais contato do que no restante do país. Ali a música e a dança faziam parte da vida social, a busca do prazer era vista como algo legítimo – um ponto de vista bem diverso do conservadorismo luterano que vigorava no norte dos EUA.

O primeiro estilo do jazz é o *New Orleans*

Nada mais natural, portanto, que o primeiro estilo de jazz tenha sido batizado de *New Orleans*. O trompetista e cantor Louis Armstrong foi o grande astro das primeiras gerações de criadores desse jazz ingênuo, alegre e dançante, cuja característica mais típica se revela nos estridentes improvisos simultâneos de trompete, clarinete e trombone, em ritmo próximo ao das marchas. Outros expoentes desse estilo foram o pianista Jelly Roll Morton e o clarinetista Sidney Bechet.

Se Nova Orleans foi a primeira capital do jazz, Chicago pode ser considerada a segunda. Além de ter atraído muitos músicos emigrados daquela cidade durante os anos 1910 e 1920, incluindo Armstrong e Morton, Chicago também se destacou pelo grande número de bandas que tocavam um jazz semelhante ao de Nova Orleans, mas com mais espaço para solos individuais. Aliás, o maior solista desse estilo foi o trompetista Bix Beiderbecke. Aos ouvidos de hoje, porém, as diferenças entre o jazz original de Nova Orleans, o *dixieland* (derivação do *New Orleans* executada por jazzistas brancos) e o estilo de Chicago não chegam a ser consideráveis.

A febre das *big bands*

A primeira grande mudança na trajetória do jazz surge no final dos anos 1920, especialmente em Nova York e em Kansas City. As duas batidas fortes que caracterizavam o ritmo do jazz primitivo, ainda bem próximo da marcha, foram trocadas pelas quatro batidas – com um leve acento na segunda e na quarta batida – do chamado *swing*. Esse foi o nome dado ao novo estilo veiculado pelas *big bands* – orquestras de 15 instrumentistas, em média, que incluíam naipes de saxofones, de trompetes e trombones, além de uma seção rítmica e um vocalista.

Big bands como as de Benny Goodman, Count Basie e Duke Ellington, entre muitas outras, comandaram a popular "Era do swing", que contagiou não só os salões de dança e as rádios norte-americanas, mas também o restante do mundo durante os anos 1930 e parte dos 1940. Os vocalistas tinham destaque nessas orquestras, cujos repertórios eram recheados de canções românticas e dançantes, mas também havia um relativo espaço para improvisos dos instrumentistas. Não parece gratuito que a explosão das big bands tenha coincidido com o aumento do poderio econômico dos EUA e a Segunda Guerra Mundial.

Mas o que é mesmo swing?

Vale lembrar que o termo *swing* já tinha outro sentido entre os jazzistas antes de ser usado para denominar a música das big bands. Trata-se de um elemento rítmico que define a própria essência do jazz. Consiste em uma maneira de tocar ou cantar, com um certo balanço capaz de criar a sensação de que a música flutua sobre o ritmo regular. Na verdade, é difícil traduzi-lo em palavras: a melhor maneira de captar seu sentido é ouvir as gravações dos melhores jazzistas. Não foi à toa que, ao lhe perguntarem o que era o swing, o irreverente pianista Fats Waller disparou: "Se você está perguntando, jamais vai saber". Por sinal, esse mestre do jazz tradicional também cunhou uma inteligente definição de sua música: "O jazz não é o que você toca, mas o modo como você toca".

Grandes nomes da "Era do swing"

Saxofonistas
Coleman Hawkins
Lester Young
Ben Webster
Benny Carter

Trompetistas
Roy Eldridge
Clark Terry

Pianistas
Art Tatum
Erroll Garner
Teddy Wilson
Oscar Peterson

Bateristas
Gene Krupa
Buddy Rich

Bebop: o jazz enfim levado a sério

No início da década de 1940, o swing já dava sinais de decadência. Insatisfeitos com a redundância e a comercialização excessiva da música das big bands, jazzistas de Nova York começaram a se reunir nas madrugadas para tocar em informais sessões de improviso, as *jam sessions*. Esses encontros serviram de tubos de ensaio para um novo estilo, que teve entre seus maiores expoentes o saxofonista Charlie Parker, o trompetista Dizzy Gillespie e os pianistas Thelonious Monk e Bud Powell.

O bebop já nasceu com a intenção de ser um jazz bem mais complexo e sofisticado do que o swing. Aliás, seu nome é derivado dos intrincados improvisos vocais com palavras sem sentido (como "hey-baba-re-bop"), que seus adeptos faziam com frequência. Os "bebopers" não se limitavam a improvisar simples variações das melodias de canções conhecidas, como faziam os músicos do swing ou do dixieland. A partir das estruturas harmônicas dessas canções, os músicos do bebop criavam composições praticamente novas. Além disso, ao rejeitar o caráter dançante e festivo do jazz tradicional, o bebop o transformou em música para ser ouvida e levada a sério.

"O jazz é a única forma de arte que conserva a liberdade do indivíduo sem tirar-lhe o sentimento de ligação."

Dave Brubeck

Anos 1950: *cool, third stream* e *progressive*

Foram discípulos do próprio bebop os principais responsáveis pela profusão de estilos que surgiram durante a década de 1950. O primeiro deles, o cool jazz, não chegou a ser, de fato, uma reação, mas uma espécie de abrandamento do nervoso bebop. Entre seus pioneiros estavam os saxofonistas Gerry Mulligan e Lee Konitz, que se uniram ao citado Miles Davis nas gravações que lançaram oficialmente esse estilo. Além de exibir um jazz mais calmo e introspectivo, elas chamavam atenção pela sonoridade levemente erudita, obtida graças à presença de uma tuba e uma trompa.

O pianista John Lewis, que também participou dessas gravações, levou mais adiante a aproximação entre o jazz e a música clássica. Em 1951, criou com o vibrafonista Milt Jackson o Modern Jazz Quartet, grupo que combinava formas clássicas, como a fuga e o rondó, com a linguagem jazzística. Batizada de *third stream*, essa corrente liderada pelo Modern Jazz Quartet praticamente se confunde com o chamado *progressive jazz*, que teve o pianista Dave Brubeck e o arranjador Stan Kenton entre seus praticantes.

Durante a década de 1950, gravações de músicos do cool jazz, como Shorty Rogers, Barney Kessel, Chet Baker, Lee Konitz e Gerry Mulligan, influenciaram brasileiros que vieram a criar ou desenvolver a bossa nova, como Johnny Alf, Roberto Menescal, Baden Powell e Eumir Deodato, entre outros. No início dos anos 1960, a via de influências se inverteu: jazzistas como Charlie Byrd, Stan Getz, Herbie Mann, Coleman Hawkins e Zoot Sims gravaram discos de bossa nova, que passou a ser considerada, nos EUA, um estilo de música *pop* americana.

Redefinindo o bebop: *hard bop, funky* e *modal*

Também não eram reações, mas sim desdobramentos do bebop, outras duas correntes surgidas nos anos 1950. Na verdade, o hard bop e o funky jazz se opunham ao cool e às correntes eruditas do jazz. Músicos como o baterista

Art Blakey, o pianista Horace Silver, o baixista Charles Mingus e o saxofonista Sonny Rollins revigoraram o velho bebop, explorando suas ligações com o blues e o gospel (no caso do funky jazz).

Ainda nessa década, músicos como o pianista Bill Evans, o saxofonista John Coltrane e, novamente, Miles Davis começaram a improvisar a partir de escalas modais, em vez de acordes, como acontece no bebop. Assim surgiu o jazz modal, estilo que tem no álbum *Kind of Blue*, gravado por Davis, Coltrane e Evans, em 1959, sua definitiva obra-prima.

Free jazz: a revolução dos anos 1960

A agitação social e os movimentos libertários que marcaram os anos 1960 parecem ter repercutido na criação do free jazz, estilo que rompeu não só com o jazz da década anterior, mas com toda a linguagem musical desse gênero. Adeptos dessa escola vanguardista, como o pianista Cecil Taylor e os saxofonistas Ornette Coleman e John Coltrane, promoveram uma verdadeira revolução, pondo abaixo todos os padrões rítmicos, melódicos e harmônicos do jazz. No free jazz, a improvisação passou a ser totalmente livre, o que tornou essa música, muitas vezes, caótica. A negação radical da tradição acabou se revelando uma espécie de beco sem saída, porque afastou grande parte do público.

O rock entra em cena

A década de 1960 já se aproximava de seu final, quando outro estilo entrou em cena. Algumas experiências no sentido de injetar elementos do rock no jazz já tinham sido realizadas, mas nenhuma chegou perto do impacto provocado por *Bitches Brew*, o álbum que Miles Davis lançou em 1970. Vários parceiros do trompetista, como o guitarrista John McLaughlin, o saxofonista Wayne Shorter e os tecladistas Chick Corea e Herbie Hancock, contribuíram ativamente para a expansão do *jazz-rock*, estilo que depois ficou conhecido como *fusion*. Nos anos seguintes, esses músicos lideraram grupos de grande sucesso, como a Mahavishnu Orchestra, o Weather Report, o Return to Forever e os Headhunters.

Vanguardistas menos radicais

Depois que a poeira levantada pelo radicalismo do free jazz começou a assentar, durante os anos 1970 vários músicos buscaram maneiras de não se renderem aos clichês do jazz pré-1960, nem aderir ao modismo do jazz-rock. Os saxofonistas David Murray, John Zorn e Henry Threadgill foram alguns dos que tentaram uma síntese entre as experimentações da vanguarda e a linguagem do jazz moderno.

Um caminho paralelo foi seguido por músicos europeus, como o saxofonista norueguês Jan Garbarek, o baixista alemão Eberhard Weber e o saxofonista inglês John Surman. Eles encontraram no selo alemão ECM o canal para desenvolver com liberdade um jazz atmosférico e aberto a influências do folclore europeu e da música oriental, entre outras. Aliás, o jazz europeu cresceu e evoluiu, nas décadas seguintes, distanciando-se cada vez mais dos modelos norte-americanos.

A volta por cima do bebop

Quando a cena do jazz parecia dividida entre uma nova vanguarda e os seguidores das fusões com o rock e a música pop, a década de 1980 viu surgir uma nova geração. Chamados pelas revistas especializadas de *young lions* (jovens leões), muitos desses garotos ainda cursavam universidades ou tinham acabado de se graduar em escolas de jazz e encaravam essa música de maneira mais acadêmica. Tendo à frente o carismático trompetista Wynton Marsalis, que conseguiu voltar a despertar a atenção do grande público para o blues e o jazz tradicional de Nova Orleans (sua cidade natal), essa geração recuperou o bebop dos anos 1950, transformando-o de novo em veio central do jazz. O saxofonista Branford Marsalis, o trompetista Terence Blanchard e o pianista Cyrus Chestnut estavam entre os mais talentosos *young lions* da década de 1980.

Anos 1980 e 1990: novas fusões

Embora discreto, o m-Base – coletivo de músicos nova-iorquinos revelados na década de 1980 – também merece ser citado. Os saxofonistas Steve Coleman, Greg Osby e a cantora Cassandra Wilson foram pioneiros em experiências de fusão do jazz com o *hip-hop*, o *rap* e o funk, mas pouco depois se separaram, seguindo caminhos próprios. Já na década de 1990, o eclético Osby voltou a flertar com o *jazz-rap*, fusão que também atraiu o citado Branford Marsalis, sob o pseudônimo Buckshot LeFonque.

Apesar de já ser cultivado desde a década de 1940, quando recebeu incentivo dos mestres do bebop Dizzy Gillespie e Charlie Parker, o *latin jazz* (fusão de jazz moderno e ritmos afro-cubanos) ganhou novo impulso na década de 1980. Entre seus expoentes destacam-se o pianista Gonzalo Rubalcaba, o saxofonista Paquito D'Rivera e o trompetista Arturo Sandoval, todos cubanos, além de dois pianistas: o dominicano Michel Camilo e o panamenho Danilo Perez.

Já na década de 1990, novos rótulos surgiram para denominar aparentes fusões com tendências mais recentes do pop e da música eletrônica, mas é fácil perceber que o jazz não entra de forma substancial nessas correntes. O *acid jazz* não passa de uma mistura de funk, *soul* e blues. E o mais recente *nu-jazz*, também chamado de electro-jazz, só utiliza algumas texturas sonoras e instrumentações decalcadas do jazz.

> "O jazz é o timbre do universo."
>
> Sun Ra

Os instrumentistas da voz

Ainda não tínhamos abordado os vocalistas, até porque eles não costumam participar ativamente da criação de novos estilos jazzísticos, como fazem os instrumentistas. Mas vale lembrar que os grandes cantores desse gênero também usam suas vozes como se fossem instrumentos. No panteão vocal do jazz figuram cantores de estilos mais clássicos, como Billie Holiday, Ella Fitzgerald, Sarah Vaughan e Johnny Hartman, ou outros mais modernos, como a bebopper Betty Carter e o cool Chet Baker, que era antes de tudo trompetista. Já nos últimos anos destacam-se duas cantoras de orientações diversas: a mais tradicional Diana Krall e a já citada Cassandra Wilson, que se abre mais a influências da música pop.

É verdade que o jazz está morrendo?

De tempos em tempos, essa polêmica reaparece na mídia especializada: o futuro do jazz não estaria ameaçado após a morte de seus grandes mestres e astros do passado? Basta analisar a cena jazzística dos últimos anos para se ter certeza de que, mesmo sem desfrutar a popularidade de outros gêneros musicais, o jazz está longe de correr perigo. Seu futuro está garantido não só por brilhantes veteranos no auge do vigor criativo, como o baixista Dave Holland, o pianista Keith Jarrett, o saxofonista Joe Lovano e os guitarristas John Scofield e Pat Metheny, mas especialmente pelos promissores talentos de músicos jovens, como os pianistas Jason Moran e Brad Mehldau, o vibrafonista Stefon Harris e os saxofonistas Joshua Redman e James Carter, entre muitos outros.

Além disso, a vocação para a longevidade passa pela própria essência do jazz, porque não se trata de uma forma musical fechada, mas de uma maneira criativa e contemporânea de lidar com qualquer material sonoro. O jazz é capaz de assimilar os mais diversos gêneros musicais e influências sonoras, do rap à música erudita, do rock à *salsa*, do samba à música indiana.

Hoje, centenas de festivais de jazz são realizados anualmente em todos os cantos do mundo, seja no Canadá, na Dinamarca, na Turquia, no Japão, em Cuba ou no Brasil. É certo que muitos desses eventos, como o norte-americano New Orleans Jazz & Heritage Festival ou o suíço Montreux Jazz Festival, já não exibem somente jazz em seus programas, o que não deixa de ser um fato revelador. Esses festivais querem continuar se aproveitando da imagem criativa e elegante do jazz, que não para de incorporar as mais diversas influências musicais para continuar se atualizando. É esse espírito que mantém o jazz vivo, inovador e contemporâneo.

Dez CDs que sintetizam a história do jazz e seus principais estilos

Bird and Diz – Charlie Parker & Dizzy Gillespie
Birth of the Cool – Miles Davis
Black Codes (From the Underground) – Wynton Marsalis
Ellington at Newport – Duke Ellington
Free Jazz – Ornette Coleman
Hot Fives, vol. 1 – Louis Armstrong
I Sing the Body Electric – Weather Report
Kind of Blue – Miles Davis
Mingus Ah Um – Charles Mingus
Presents the Bandwagon – Jason Moran

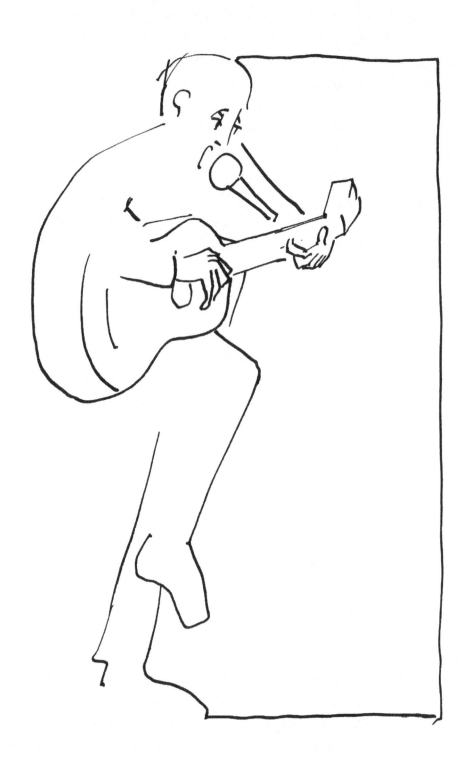

MPB

André Domingues

Imagine a chamada música popular brasileira – a MPB – como um imenso edifício, muito alto, bem mais alto do que a nossa vista possa alcançar. Um prédio gigantesco, rodeado por inúmeras portas que levam ao seu interior. Qual seria a melhor porta para se entrar nele? A porteira de madeira rústica de Clementina de Jesus? Ou a porta de cristal puríssimo de Marisa Monte? Talvez a criativa portinhola convexa de latão pintado que, se olharmos bem de perto, parecerá um capô de fusca habilidosamente adaptado, mas colocado de cabeça para baixo por seu dono, o bruxo Hermeto Pascoal?

Para mim, qualquer porta serve. Sei que, lá dentro, os caminhos, mais cedo ou mais tarde, se entrecruzam e permitem a contemplação de todos os cômodos e corredores do prédio. Mas, aqui, temos de fazer uma escolha. Por simples questão de gosto, escolho uma porta simples, mas cujas dobradiças, trancas e maçanetas funcionam infalivelmente, com seus mecanismos cuidadosamente elaborados. Quem a projetou foi um artista que leva a nacionalidade no nome: Antônio Carlos Brasileiro de Almeida Jobim. Ou, simplesmente, Tom Jobim. Entremos, portanto, no monumental edifício da MPB. Tom Jobim nos oferecerá a chave. E, para não nos perdermos, nos dará também o mapa dessa multifacetada construção.

 10 discos essenciais de MPB

Bebadosamba – Paulinho da Viola
Cartola (1976) – Cartola
Caymmi: amor e mar – Dorival Caymmi

Clube da esquina – Milton Nascimento e Lô Borges

Construção – Chico Buarque

Elis & Tom – Elis Regina e Tom Jobim

O grande circo místico – Chico Buarque e Edu Lobo

O mito (The legendary) – João Gilberto

Rosa de Ouro (coleção 2 em 1) – Clementina de Jesus, Aracy Côrtes e Conjunto Rosa de Ouro

Tropicália ou Panis et Circensis – Caetano Veloso, Gilberto Gil, Tom Zé, Nara Leão e Os Mutantes

Com vocês, Tom Jobim

Como muitos cariocas da primeira metade do século passado, Tom passou sua infância entre a praia e as árvores até os 14 anos, quando teve seu coração roubado não por uma garota – Thereza, seu grande amor, só viria aos 16 –, mas por um piano alugado por sua mãe. Passou, então, a dedicar uma parte cada vez maior do seu tempo a estudar as diversas combinações entre as teclas brancas e pretas, querendo, um dia, tornar-se concertista.

A vida, porém, logo lhe tirou a sonhada sala de concerto, pois as oportunidades eram poucas e o dinheiro – ele planejava se casar com Thereza –, quase nenhum. Em contrapartida, ofereceu-lhe os palcos das casas noturnas, onde Tom descobriu que poderia fazer música popular com o mesmo refinamento do maestro Heitor Villa-Lobos, seu ídolo. Começava aí uma história que daria na bossa nova e é fundamental para que possamos entender o que foi, o que é, e o que continuará sendo a moderna MPB.

> **Bossa nova.** A palavra "bossa" era uma gíria carioca dos anos 50, que significava "jeito", "um modo de fazer algo diferente e original". Assim, a expressão "bossa nova" surgiu como oposição a tudo o que se julgava antigo e superado. Um "jeito novo" de compor e cantar.

A noite deu renome a Tom Jobim, atraindo seus primeiros parceiros – Billy Blanco, Dolores Duran, Newton Mendonça, entre outros –, mas não o cativou. Era um trabalho insalubre, desgastante, ainda mais quando se tinha de enfrentar exageros de todo tipo. No dia em que, no meio de uma briga, dispararam um tiro rente à sua barriga, Tom fechou o piano para a noite e não o abriu mais. Deixaria de tocar em bares para trabalhar na gravadora Continental, ao lado de Radamés Gnatalli, o mais importante maestro da nossa história (são dele, por exemplo, os arranjos antológicos de "Aquarela do Brasil" e "Copacabana", lançados por Francisco Alves e Dick Farney, respectivamente). Radamés foi mais do que um amigo para ele: foi quase um guru. Por conta disso, muitos anos mais tarde, em seu disco derradeiro, intitulado *Antônio Brasileiro*, Tom lhe dedicaria duas faixas: "Meu amigo Radamés" e "Radamés y Pelé".

Por ironia, foi justamente num bar, o acolhedor Villarino, que, em 1956, apresentaram-lhe a Vinicius de Moraes, com quem faria uma das parcerias mais célebres da música brasileira. Vinicius era um poeta que, apaixonado por música popular, desejava encenar um musical de sua autoria, *Orfeu da Conceição*, e procurava um músico para criar as melodias do roteiro. Tom foi indicado por um amigo comum e ficou surpreso, visto que não era, ainda, um compositor de fama, enquanto Vinicius já era reconhecido nos meios literários havia mais de vinte anos. Por isso, feito o convite, não hesitou em aceitá-lo.

Tom sabia, inclusive, que era raro um literato erudito se aproximar com tanta generosidade da cultura popular. Fatos semelhantes aconteciam apenas de vez em quando, como no caso dos entusiasmados comentários do poeta Guilherme de Almeida sobre a letra da célebre "Chão de estrelas", de Orestes Barbosa, com música de Sílvio Caldas: "Uma só dessas imagens – o varal de roupas coloridas e as estrelas no chão – é quanto basta para que ainda haja um poeta sobre a terra".

Certa vez, o poeta Manuel Bandeira afirmou que, se fosse realizado um concurso para se saber qual era o verso mais bonito da língua portuguesa, ele votaria em "Tu pisavas nos astros distraída...", da canção "Chão de Estrelas", com letra de Orestes Barbosa.

Mas, bem, havia um motivo forte para Vinicius querer Tom Jobim como parceiro: entre os músicos, Tom era unanimemente apontado como um representante dos "modernos". Mas o que era ser "moderno" naquela época? Para responder a tal pergunta, precisamos voltar aos anos 1930 e 1940, sobretudo, ao final da Segunda Guerra Mundial, quando a música brasileira começou a sofrer uma mudança muito representativa. A antiga base melódico-harmônica da MPB, baseada no choro, foi se transformando sob a influência cultural norte-americana, cada vez mais presente.

Surgiu, então, uma nova geração de compositores e arranjadores que tinha como marca a influência do jazz, expressa no farto uso de modulações (mudanças de tonalidade no interior de uma mesma música) e intervalos inusitados no encadeamento melódico. O pianista e cantor Johnny Alf, mito das boates e piano-bares da época, era um deles, um "moderno", com suas melodias sinuosas e surpreendentes – "Rapaz de bem", "Seu Chopin, desculpe" e "Eu e a brisa", por exemplo. Tom Jobim, admirador confesso de Johnny, era outro.

É preciso ressaltar, entretanto, que, no seu afã modernizador, nem Tom nem Vinicius rejeitaram o nosso passado musical. Pelo contrário, ambos sempre tiveram enorme apreço pela tradição brasileira e, em especial, por Pixinguinha, seu melodista mais importante. Pixinguinha ostentava um fraseado exuberante, fruto das antigas modinhas portuguesas e danças de salão europeias, como se percebe nas maravilhosas "Rosa" e "Carinhoso", mas que mantinha, também, uma terna reminiscência africana, expressa em saborosíssimos jogos rítmicos, como o da segunda parte de "Lamentos". Tom e Vinicius admiravam-no intensamente. Tanto que o primeiro gravaria com esmero seu choro "Carinhoso" no álbum *Tide*, em 1970, e o segundo colocaria versos em uma série de suas melodias, inclusive em "Lamentos", a partir da década de 1960.

É impossível você ainda não ter ouvido

"Aquarela do Brasil" – Ary Barroso
"Carinhoso" – Pixinguinha
"Copacabana" – Alberto Ribeiro e Braguinha

Mas você precisa ouvir também

"Seu Chopin, desculpe" – Johnny Alf
"Influência do jazz" – Carlos Lyra
"A banca do distinto" – de Billy Blanco

Como surgiu a bossa nova?

Os dois parceiros, Tom e Vinicius, como se vê, tinham muito em comum. Sonhavam em fazer uma nova MPB, incorporando o que havia de mais avançado nas melodias e harmonias norte-americanas, mas sem perder de vista a tradição nacional. Abraçados a tal princípio, começaram a compor dezenas de músicas de qualidade impressionante, como "Se todos fossem iguais a você", "Eu sei que vou te amar" e "Chega de saudade". Porém, ainda lhes faltava algo para consolidar seus propósitos: uma execução musical à altura.

Na parte instrumental, nenhum problema, pois Tom desenvolvera um estilo bastante "moderno" de criar arranjos, sempre econômicos, mas buscando produzir o máximo de nuances com o mínimo de elementos. O problema era o canto, já que Tom e Vinicius ainda não se aventuravam a cantar e a música enxuta que queriam fazer não combinava nada com o estilo em voga, com sua impostação carregada e sua ornamentação abundante. Não que depreciassem ídolos como Francisco Alves, o "Rei da Voz", ou Orlando Silva, o "Cantor das Multidões", os maiores representantes dessa escola de interpretação. Mas suas concepções musicais eram absolutamente incompatíveis. Surgiu, então, a peça que completaria o quebra-cabeças com perfeição: João Gilberto.

> "A batida da bossa nova incorporou-se de tal forma à gramática da música popular universal que não há um violonista australiano ou israelense que não saiba executá-la."
>
> Ruy Castro

A ligação entre os três não era óbvia, ainda que Tom conhecesse João desde o início dos anos 1950. Acontece que o cantor baiano iniciara sua carreira tentando seguir, tal e qual, o estilo de Orlando Silva, o que o afastava um pouco da MPB "moderna". Houve, porém, uma drástica reviravolta em sua carreira ainda em meados daquela década, quando se afastou do meio artístico por cerca de dois anos. Em seu retiro, João criou uma maneira de cantar genial: seca, introspectiva, com volume baixíssimo, impostação natural – era como se estivesse falando ao microfone – e divisões rítmicas imprevisíveis. Para completar, elaborou uma suingada batida de samba para se acompanhar ao violão, também extremamente simples e eficiente. Estava pronto o mosaico que, em 1958, ficaria célebre sob o nome de bossa nova.

 Cinco discos de João Gilberto

Chega de saudade
Getz/Gilberto
O mito
Eu sei que vou te amar
João: voz e violão

O lançamento das primeiras gravações bossanovistas de João (reunidas, a princípio, em dois discos de 78 rpm, depois no LP *Chega de saudade*) produziu uma ruptura na música popular brasileira. Alguns repudiaram-no, achavam que ele não sabia cantar. A maioria, porém, o aclamou, sobretudo os mais jovens e os pertencentes a setores reformistas da MPB. Até artistas aparentemente distantes, como o ídolo da jovem-guarda, Roberto Carlos, ou o *soul-man* Tim Maia, revelados anos mais tarde, foram seus discípulos no começo da carreira.

Não demorou para que a bossa nova conquistasse fama também no exterior. Em 1962, deu-se o show histórico no Carneggie Hall nova-iorquino, que a projetou mundialmente, com participações de João Gilberto, Tom Jobim, Carlos Lyra, Agostinho dos Santos, Sérgio Mendes e outros artistas. João Gilberto e Tom Jobim, especialmente, foram alçados à condição de grandes astros, repetindo o êxito de Carmem Miranda, que, em 1939, foi convidada para atuar na Broadway e, logo depois, em Hollywood. Aliás, sempre irão ressaltar o caráter político da carreira internacional de Carmem, mas seu talento era inquestionável. Basta ouvir o canto brejeiro e deliciosamente sincopado que emprestou para "O que é que a baiana tem?", "Na batucada da vida" e "South american way", entre outros tesouros.

Porém, se no exterior Carmem evocava o exotismo das culturas tropicais, João e Tom, ao contrário, foram recebidos com toda a seriedade. João, por exemplo, gravou um disco com o saxofonista Stan Getz, intitulado *Getz/Gilberto*, que foi muito bem acolhido pela crítica e pelo público norte-americanos, sendo premiado com nada menos que quatro Grammys. Já Tom alcançou o topo das paradas mundiais com "Garota de Ipanema", uma de suas últimas parcerias com Vinicius de Moraes, que recebeu versões de cantores dos quatro cantos do planeta, inclusive dos *mega-stars* Frank Sinatra, Ella Fitzgerald, Louis Armstrong e Nat King Cole. É verdade que a maior parte dessas versões usaram a letra em inglês de Norman Gimbel, mas a concepção original da música merece todos os méritos. Sua construção é impecável. Os motivos musicais fáceis de assimilar, mas sofisticados na concepção harmônica, conduzem versos suaves, fartos no uso de vogais abertas, que traduzem perfeitamente a cena ensolarada da canção: "Olha que coisa mais linda/ Mais cheia de graça/É ela menina que vem e que passa/ Num doce balanço a caminho do mar".

Um levantamento feito nos Estados Unidos pela BMI (Broadcasting Music Inc.) indicou que "Garota de Ipanema" está entre as cinco músicas mais executadas em todo o planeta.

Mas nem só de bossa nova vive a MPB

Com a originalidade da bossa nova, Tom, Vinicius e João amealharam numerosos seguidores. Alguns deles, mais puristas, como o letrista Ronaldo Bôscoli, trataram de radicalizar aquela estética serena e contemplativa, fazendo da Bossa um verdadeiro símbolo da boa-vida da Zona Sul carioca. Outros, porém, os engajados, se envolveram com causas nacionalistas e começaram a ocupar outras searas, como Carlos Lyra e Nara Leão, que se aventuraram no samba dos morros do Rio de Janeiro, ou Edu Lobo, que buscou levar as conquistas da bossa nova para a música tradicional do Nordeste brasileiro.

O que estava em jogo nessa divisão de caminhos era a postura. No Brasil da primeira metade dos anos 1960, tão tumultuado politicamente, os puristas recebiam méritos pela fidelidade, mas eram chamados de alienados, enquanto os reformistas ganhavam louros pelo espírito desbravador, mas eram acusados de corromper a bossa por populismo. Quem ganhava com isso? A MPB, que mantinha sua valiosa pluralidade.

Tom, Vinicius e João, embora tivessem conquistado uma posição que os deixava acima de qualquer disputa, não escondiam sua afinidade com um ou outro grupo. Tom, no princípio, se alinhou com os "conservadores", sobretudo por ter muito pouco gosto pela política. No entanto, já na década de 1970, acabou entrando para a luta ecológica e se aproximando ligeiramente dos "engajados".

João, por sua vez, sempre foi um purista, sustentando a estética da bossa nova em todos os seus trabalhos. Com o tempo, foi se especializando cada vez mais em trazer para seu estilo obras nascidas em outros contextos, desde os sambas antigos dos mestres Ary Barroso, Dorival Caymmi e Geraldo Pereira, até canções internacionais de sucesso, como a italiana "Estate" e o rock "Me chama", de Lobão.

Vinicius foi o menos ortodoxo dos três, lançando-se na crítica social, clara em "O morro não tem vez" e "Gente humilde", e no tema da cultura negra, centro da famosa série de "afro-sambas", que compôs com o brilhante violonista Baden Powell. Uma terceira vertente de sua obra, desligada das anteriores, mas igualmente representativa, foi a de canções infantis, boa parte reunidas nos dois volumes do álbum *Arca de Noé*, discos nos quais teve a decisiva colaboração de Toquinho, seu parceiro mais prolífico.

A Pimentinha e o mestre

As fronteiras entre os "puristas" e os "engajados" eram incertas. Tal como Tom e Vinicius, muitos oscilaram entre um lado e outro, mas as migrações não eram tranquilas. A tensão entre os dois polos aumentava na mesma medida em que crescia a instabilidade no plano social e político do país, que acarretou o golpe militar de 1964. A principal arena de suas disputas, entretanto, não era nenhum palanque convencional, mas o palco dos grandes festivais de televisão, que viraram uma mania a partir de 1965.

 Qual a importância dos festivais para a MPB na década de 1960?

Além da descoberta de novos talentos para a MPB de então, como Caetano Veloso, Gilberto Gil, Chico Buarque, Elis Regina e Milton Nascimento, os grandes festivais foram responsáveis pela atualização e pela discussão estético-cultural no país, em pleno regime militar.

A cantora Elis Regina tornou-se o primeiro grande destaque dessa geração ao vencer o festival de MPB da TV Excelsior, em 1965, defendendo "Arrastão", de Edu Lobo e Vinicius de Moraes. Elis conquistou o país com uma interpretação vibrante e avassaladora, inesperada para alguém que, notoriamente, se afinava mais com os bossanovistas conservadores. Elis, apelidada de "Pimentinha", transformou a bossa sensivelmente com seu estilo extrovertido, explosivo, que nada tinha a ver com o clima sereno e introspectivo proposto por João Gilberto, anos antes.

Isso, porém, não trouxe qualquer empecilho para sua posterior união com Tom Jobim, que resultou no álbum mais espetacular de suas carreiras: *Elis & Tom*, de 1974. Aliás, se houve alguma dificuldade para esse disco se realizar, esta foi a má relação que os dois mantinham desde que Tom, em 1964, vetara a participação da cantora no musical *Pobre menina rica*, concebido por seu amigo Vinicius. A arte, entretanto, foi capaz de superar a individualidade dos artistas, e *Elis & Tom*, ao contrário dessa antiga antipatia, reflete uma harmonia semidivina. Inclua, sem sustos, o disco entre aqueles obrigatórios em sua discoteca.

Uma curiosidade: Elis foi considerada a maior estrela da MPB por muitos anos, mas não concordava com tal opinião. Segundo ela, "Se Deus cantasse, seria com a voz do Milton Nascimento". Religiosidade à parte, a interpretação de Milton para "Beatriz" (contida no maravilhoso álbum *O grande circo místico*, de Chico Buarque e Edu Lobo, de 1982), faz pensar que Elis talvez tivesse mesmo razão.

Aliás, outro nome fundamental da MPB revelado nos festivais foi exatamente Chico Buarque. Filho do historiador Sérgio Buarque de Hollanda, Chico assombrou o meio musical brasileiro e tornou-se um mestre da MPB pela qualidade de suas letras. Também pudera. Durante toda a sua infância, letristas famosos, como Paulo Vanzolini e Vinicius de Moraes, eram presença constante em sua casa. Chico ganhou dois dos mais concorridos festivais daquele tempo: o da Record de 1966, em que sua composição "A banda" dividiu o primeiro lugar com "Disparada", de Théo de Barros e Geraldo Vandré; e o da Globo de 1968, em que sua "Sabiá" venceu a popularíssima "Pra não dizer que não falei de flores", do mesmo Vandré.

Em "Sabiá", que acabou virando um hino dos brasileiros exilados pelo regime militar, Chico teve um parceiro célebre: Tom Jobim, mais tarde definido por ele como "meu maestro soberano", na música "Paratodos". Tom já não compunha em parceria havia algum tempo, mas resolveu convidar Chico, cuja obra trazia uma influência evidente de Vinicius, para escrever os versos de sua bela melodia "Zíngaro". Sentindo-se honrado pelo convite, Chico completou a obra com muita inspiração, rebatizando-a de "Retrato em branco e preto", e o resultado foi tão espetacular que a parceria continuou. Dentro em pouco, rendeu a premiada "Sabiá", além de "Eu te amo", "Anos dourados", "Piano na Mangueira" e outras joias do cancioneiro nacional.

> "Chico Buarque é um fenômeno que alcança justamente aquilo que nós do movimento da bossa nova vínhamos tentando há longo tempo: a união verdadeira da cultura com o povo."
>
> Vinicius de Moraes

Chico, dono de uma poética despojada, mas elegante, foi apontado como um profundo conhecedor dos mistérios do amor, um paladino em guerra contra os males que afligiam o país e um observador infalível do cotidiano – no que, inclusive, lembra Noel Rosa, outro letrista genial. Contudo, ainda que seja sempre lembrado pela habilidade poética de suas obras – "Construção", por exemplo, é toda composta em versos dodecassílabos terminados em proparoxítonas –, é interessante lembrar, também, a qualidade de algumas de suas melodias, a começar pela soberba valsinha "Joana francesa".

Um furacão chamado tropicalismo

Ainda na era dos festivais, nos anos 1960, surgiu um grupo de vanguarda baiano que rompeu não só com a estética original de Tom, Vinicius e João, mas também com a produção politicamente engajada. Eram os tropicalistas, liderados por Caetano Veloso e Gilberto Gil, com participação ativa de Torquato Neto, Tom Zé, Capinan, Os Mutantes e Gal Costa, que juntos pregavam uma música espalhafatosa, cheia de "colagens" sonoras contrastantes e poeticamente anarquista.

> **Tropicalismo.** O movimento tropicalista, com Caetano Veloso e Gilberto Gil à frente, chamou a atenção para os enormes contrastes da cultura brasileira, pondo no mesmo caldeirão musical, sem preconceitos, influências tidas como arcaicas e modernas, nacionais e estrangeiras, da alta cultura e da cultura de massas. Assim, fez questão de absorver em si vários gêneros musicais, desde o samba à música de vanguarda, do bolero ao rock.

No fundo, eram todos frutos da bossa nova, como prova o bonito disco de estreia de Caetano e Gal Costa, o pré-tropicalista *Domingo*. Aliás, os tropicalistas sempre tiveram uma relação filial com os criadores da bossa nova, como mostra a canção "De Ouro e Marfim", de Gil, dedicada a Tom Jobim: Estamos aqui reunidos/... Pra prestar nossa homenagem/ De coração/ Ao Grão-Mestre dessa ordem/ Venerável da canção/ Brasileiro de Almeida/ De ouro e marfim/ Curumim da Mata Virgem/ Antônio Carlos Jobim...".

No entanto, ao contrário de repetir os resultados já obtidos pela bossa, Caetano, Gil e sua turma procuraram repetir-lhe o espírito inovador, inserindo em suas composições retalhos de elementos díspares, como o rock e a poesia concretista. Por esse motivo, Caetano não vacilou ao apontar suas ideias como consequências diretas da revolução de Tom, Vinicius e João no texto da contracapa do disco-manifesto *Tropicália ou Panis et Circensis*, em que define sua proposta como uma "retomada da linha evolutiva inaugurada pela bossa nova".

 Cinco hinos tropicalistas

"Alegria, alegria" – Caetano Veloso
"Domingo no parque" – Gilberto Gil
"Tropicália" – Caetano Veloso
"É proibido proibir" – Caetano Veloso
"Geleia geral" – Gilberto Gil e Torquato Neto

Assim como a bossa teve Tom Jobim, o tropicalismo também teve seu maestro: Rogério Duprat. Aluno de Pierre Boulez e Karlheinz Stockhausen, foi ele o maior responsável pelo acabamento orquestral das radicais experimentações sonoras do movimento, a começar pelo ousado arranjo para orquestra e banda de rock com que Gilberto Gil defendeu "Domingo no parque" no III Festival da MPB, da TV Record, em 1967. Estão também em seu currículo os brilhantes arranjos de "Construção", de Chico Buarque, e do LP *Tropicália ou Panis et Circensis*.

Em todos esses trabalhos, Duprat foi marcante com seu excelente uso de contrastes de textura, tensão e timbres, além de fartas citações de trechos de outras músicas – desde o Hino Nacional Brasileiro até *jingles* de propaganda. Também explorou bastante a sonoridade nostálgica das bandinhas de coreto, pelas quais tinha tanta admiração que, na década de 1980, empreendeu um sério trabalho de recuperação dos arranjos do antigo maestro Anacleto de Medeiros (reunidos em disco de mesmo nome).

"Quem não gosta de samba, bom sujeito não é..."

"Pobre samba meu/ Sobe lá no morro e pede socorro onde nasceu", clamava o bossanovista Carlos Lyra em "Influência do jazz", de 1962. E funcionou. Não tanto para as obras dele próprio, que, embora excelentes, jamais seriam confundidas com o que se cantava num terreiro de escola de samba. Serviu para despertar a classe média, principalmente a juventude universitária, para o samba mais tradicional do Rio de Janeiro. Foi quando alguns sambistas veteranos que pareciam condenados a morrer anônimos para o grande público tornaram-se conhecidíssimos e alguns novos – e ótimos – talentos foram revelados.

Os mangueirenses Cartola e Nelson Cavaquinho são exemplos de antigos mestres que só então tiveram o merecido reconhecimento. Ambos eram respeitadíssimos nas escolas de samba, mas nunca haviam gravado discos próprios nem feito apresentações para grandes plateias. Seus sambas, de melodias muito elaboradas, soavam milagrosos aos partidários da bossa nova, pois, ao contrário deles próprios, os sambistas não tinham qualquer educação musical formal.

Cartola, por exemplo, usava uma série incomum de saltos intervalares em "O mundo é um moinho" e aplicava modulações ousadas em "Acontece". Já Nelson, fazia as notas serpentearem caprichosamente pelas linhas de "Palhaço", "Folhas secas" e muitas outras canções. Na escrita, seus sambas também eram encantadores. Nelson costumava contar com a colaboração de ótimos letristas – Guilherme de Brito foi o mais importante deles –, enquanto Cartola era, também, um poeta competente. Um testemunho fiel de sua habilidade é o clássico "As rosas não falam": "Queixo-me às rosas/ Mas, que bobagem, as rosas não falam/ Simplesmente as rosas exalam/ O perfume que roubam de ti...".

> "Batuque é um privilégio / ninguém aprende samba no colégio."
>
> Noel Rosa

Dentre as revelações desse período de redescoberta do samba, é obrigatório o nome de Paulinho da Viola, que talvez seja o sambista mais completo de todos os tempos. Paulinho compõe, canta e toca brilhantemente, além de ter versatilidade para enveredar por todo tipo de samba, desde o lírico samba-canção até o festivo samba-enredo. Tanta musicalidade imediatamente chamou a atenção de Cartola, que inaugurou sua trajetória artística ao contratá-lo para cantar no Zicartola, memorável restaurante que tinha com a esposa, Dona Zica, em meados da década de 1960. A partir de então, Paulinho construiu uma carreira muito coerente, marcada por sua franca paixão pelo samba e pelo choro. E, felizmente, a maestria que encantou Cartola não se perdeu com os anos. Prova disso é o antológico álbum *Bebadosamba*, lançado em 1995, que traz as belíssimas "Ame", "Timoneiro" e "Novos rumos".

Quase ao mesmo tempo em que Paulinho se firmava na carreira musical, aparecia um outro sambista de talento inquestionável: Martinho da Vila, compositor da simpática escola de samba Unidos de Vila Isabel. A qualidade de seu trabalho, concentrado no partido-alto, no samba-enredo e na pesquisa das raízes africanas, pode ser avaliada por seu disco de estreia, chamado apenas de *Martinho da Vila*. Nele, registrou com um delicioso canto arrastado, malandro, os sucessos "Casa de bamba", "Quem é do mar não enjoa", "Pra que dinheiro", "Pequeno burguês" e "Iaiá do cais dourado".

Após ter sambas gravados na década de 1930 por Francisco Alves e Silvio Caldas, Cartola desapareceu do meio artístico e só foi redescoberto em 1956, pelo jornalista Sérgio Porto, que o encontrou exercendo a profissão de lavador de carros.

Uma coincidência une Cartola, Nelson, Paulinho e Martinho: todos passaram pelos festivais. É verdade que não concorreram em condições de igualdade, visto que os jurados tinham mais intimidade com a bossa nova do que com o samba tradicional. Ainda assim, Paulinho sagrou-se vencedor do promovido pela TV Record em 1969, com "Sinal fechado", e levou o sexto lugar em outro, a Bienal do Samba (também da Record, mas realizada no ano anterior), com "Coisas do mundo, minha nega". Na mesma Bienal, Cartola ficou em quinto com "Tive sim". Nelson e Martinho não obtiveram colocações expressivas nos festivais de que participaram, mas foram vitoriosos pelo simples fato de aparecerem naquele terreno estranho.

Vale dizer, porém, que essa diferença entre samba e bossa nova só existia na cabeça de alguns músicos e críticos, já que Tom Jobim e João Gilberto faziam questão de declarar que a bossa nova não era nada mais que um tipo de samba. Estavam cobertos de razão. Tom, aliás, foi reconhecido como um sambista dos maiores pela escola de samba mais tradicional do Rio de Janeiro, a Estação Primeira de Mangueira, cujo enredo de 1992 foi criado em sua homenagem.

Tom eterno

Dois anos depois de ser homenageado pela Mangueira, Tom Jobim faleceu em Nova Iorque, no mesmo dia 8 de dezembro em que, 14 anos antes, o igualmente lendário John Lennon foi assassinado. A MPB ficou consternada. No Brasil, uma multidão emocionada soltou centenas de balões brancos e pretos, simbolizando as teclas do piano, e cantou "Chega de saudade" com a mais sincera reverência. Sabiam que a saudade iria perdurar.

Entretanto – embora seja um tremendo lugar comum dizer isso –, Tom ainda está entre nós. E não só na memória, mas, principalmente, nas gerações de artistas que se formaram com verdadeira devoção por sua música. As melodias e harmonias tão complexas de Djavan, por exemplo, evocam sua memória. Os arranjos sofisticados do discípulo confesso Dori Caymmi, idem. O que dizer, então, da bossa eletrônica que, nos anos 1990, conquistou Londres e depois se disseminou pelas pistas de dança do planeta inteiro? São sementes plantadas e regadas zelosamente pelo maestro. Tom foi um artista que criou uma obra que contemplava o presente, iluminava o passado e semeava um futuro glorioso para a música mundial. Que melhor definição para a palavra "clássico" do que essa?

O que você precisa ver

Cinema

Luciano Ramos

Fui apresentado à moça como crítico de cinema. Imediatamente, ela sacou um aparelhinho luminoso, disposta a nele anotar tudo o que eu dissesse. Como na telinha do *palmtop* apareceu uma infinidade de títulos de filmes, desconfiei que chegara minha vez de acrescentar alguns palpites à lista. Como prévia, pediu-me que indicasse o melhor filme. Tentando ganhar tempo, perguntei se ela queria saber minha opinião sobre o programa mais interessante dentre os que estavam em cartaz. Em vão. Ela demandava a minha designação para "o melhor filme de todos os tempos". Pretendia assistir aos mais votados, com o objetivo de enriquecer a sua cultura cinematográfica.

Senti-me, então, num papel semelhante ao de Caio Petrônio (27-66 d.C.), aquele escritor que Nero nomeou "árbitro da elegância", ou seja, a autoridade absoluta em questões de gosto. Ele teria escrito *Satirycon*, que, aliás, foi adaptado para o cinema por Federico Fellini. Era Petrônio quem julgava o que era bom ou não era, em termos de arte e comportamento. Nessa perigosa função, ele angariou tantos inimigos que caiu em desgraça e acabou se suicidando. Quanto ao crítico de cinema, não creio que tenha jurisdição para legislar nesse nível e, se tiver competência, dificilmente indicaria um único título, mas um conjunto de obras que se destacaram por este ou aquele motivo.

Despertando desse devaneio, argumentei que minhas escolhas poderiam corresponder a filmes muito antigos, que se encontravam guardados nas prateleiras das cinematecas. "Ou numa boa locadora", insistiu ela. De fato, atualmente, o mercado de entretenimento doméstico funciona como uma vasta cinemateca circulante, oferecendo espetáculos de todas as épocas, estilos e procedências. O principal problema de um *ranking* das realizações mais importantes é a amplitude desse universo. Afinal, trata-se de quase um século de produção cinematográfica no mundo inteiro. Digo quase um século porque, em 1895, ao ser inventado pelos irmãos Auguste e Louis Lumière, na França, o cinema ainda não se constituía numa atividade artística e nem possuía uma linguagem própria.

Um pouco de história

O primeiro filme da história recebeu o título de *Saída das fábricas*, porque era tão somente isto: os operários de uma fábrica saindo em bando do local. Com poucos minutos de duração, sem história, nem personagens, o filme dos irmãos Lumière apenas documentava o fato. Mas a exibição, para uma plateia de apenas 35 pessoas, foi um acontecimento pela novidade técnica que apresentava, ou seja, a possibilidade de projetar numa tela algo como uma fotografia em movimento. Nem seus criadores imaginavam, porém, que um dia o invento poderia se tornar um fenômeno de massa. Eles julgavam que o cinema teria alguma utilidade apenas no campo das pesquisas científicas.

Mesmo assim, naquele mesmo ano, os irmãos Lumière filmaram *O regador regado*, um filme curto que pode ser considerado a primeira comédia: um jardineiro rega o jardim e não percebe que um garoto interrompera o fluxo da água, pisando na mangueira. Intrigado, o homem olha de perto o bocal da mangueira. Nesse instante, o menino solta o pé, a água volta a correr e o jardineiro recebe uma esguichada no rosto. Ainda que elementar, essa foi a primeira piada visual do cinema e, também, a primeira sequência de suspense.

Foi somente a partir de 1901 que outro francês, o mágico de circo Georges Meliès, começou a apresentar filmes como parte de uma diversão pública que, no entanto, ainda não passava de mera atração circense. Assim começa a gestação do espetáculo cinematográfico, porque Meliès já recorria a atores profissionais, cenário, maquiagem, figurinos e até trucagem – elementos indispensáveis para estes que são os seus títulos mais conhecidos, *Viagem à lua* e *Vinte mil léguas submarinas*.

> "Num filme, o que importa não é a realidade, mas o que dela possa extrair a imaginação."
>
> Charles Chaplin

Quase ao mesmo tempo, nos Estados Unidos, Edwin Potter apresentava *O assalto ao trem expresso*, para alguns o primeiro filme de faroeste. Em seguida, surgiram as comédias curtas de Max Linder, Mack Sennett e Charles Chaplin. Naquela época, porém, o cinema se limitava a registrar em película a ação de atores interpretando cenas diante da câmera, como se estivessem num palco, diante da plateia. Ou seja, não existia ainda a chamada "linguagem cinematográfica", que seria elaborada a partir de signos próprios e exclusivos. Seu pioneiro foi David Wark Griffith, que, em 1915, fez *O nascimento de uma nação*, filme sobre a Guerra da Secessão nos Estados Unidos, no qual foram usados os primeiros signos cinematográficos, como as elipses e os cortes que permitem a condensação do tempo na narrativa. Griffith foi o primeiro cineasta a apresentar ações paralelas enxertadas na ação principal e a variar o ponto de vista no interior de uma mesma cena, como os *closes*, contracampos e as variações de planos.

Entenda alguns termos técnicos do cinema

Câmera subjetiva. A câmera funciona como se fosse o olhar do ator, mostrando o que ele estaria vendo.

Contracampo. A câmera é colocada na direção oposta à posição da tomada anterior.

Plano americano. A figura humana é enquadrada da altura dos joelhos para cima.

Plano geral. Mostra uma ampla área de ação.

Plano médio. Enquadramento da cintura para cima.

Plano próximo. Enquadramento da metade do tórax para cima.

Travelling. Movimento da câmera, que acompanha atores ou objetos se deslocando na cena.

Em 1919, Griffith fundou a empresa produtora United Artists, em sociedade com Charles Chaplin, Mary Pickford e Douglas Fairbanks. Naquela época, o cinema já tinha se transformado num ramo do que atualmente se chama indústria cultural, passando a gerar produtos que até hoje circulam no mercado. No período anterior à introdução do som, o cinema conheceu ciclos de criatividade em diversos países. Na Alemanha anterior a Hitler, destacou-se o chamado expressionismo, com obras marcantes de Fritz Lang, Friedrich Murnau e muitos outros. Na França, formou-se um grupo de realizadores que se colocaram na vanguarda do cinema, por perseguirem ideais estéticos que julgavam equivalentes aos dos mais importantes artistas plásticos do momento. Entre eles incluíam-se Marcel L'Herbier, Jean Epstein e Abel Gance.

 O filme *O nascimento de uma nação* (1915), de David Wark Griffith, ao mesmo tempo que inaugurou vários recursos cinematográficos e mostrou que o cinema era uma forma de arte, também provocou justificada repulsa ao retratar membros da Ku-Klux-Klan como heróis.

No Brasil, já apareciam os talentos de Mário Peixoto, com *Limite*, e Humberto Mauro, com *Brasa dormida*. Mas foi na Rússia que o cinema teve o mais significativo desenvolvimento do período anterior ao som, com o trabalho de Sergei Eisenstein. Além de consolidar a técnica e a metodologia da narrativa cinematográfica, Eisenstein teorizou sobre aquilo que é a "essência do cinema": a montagem, isto é, a produção de significado por meio da sucessão de planos. Atualmente, cópias em VHS ou DVD de quase todas essas obras de valor histórico já podem ser encontradas no mercado. Imagine-se então a quantidade de títulos produzidos no mundo todo, a partir da introdução do som, em 1927.

São tantos lançamentos... A que devo assistir?

É verdade. Quanto mais se oferecem filmes em vídeo e DVD, mais as pessoas se mostram carentes de referências para orientá-las nesse emaranhado de alternativas. Ou seja, a insegurança do consumidor aumenta na razão direta da quantidade de lançamentos. Cada vez mais apressada, a indústria mal espera o filme encerrar a carreira nas salas de cinema para lançá-lo em VHS ou DVD. Até porque a lucratividade do cinema em casa cresce em progressão geométrica, na medida que se acha associada à venda de equipamentos, hoje produzidos a preços sempre mais acessíveis.

Para ilustrar, basta dizer que agora os filmes lançados em cinema e DVD pela antiga Columbia Pictures já chegam com o nome e o logotipo da Sony, firma japonesa que há alguns anos comprou a tradicional empresa norte-americana. Até pouco tempo, o nome e a marca originais dessa produtora e distribuidora de Hollywood eram mantidos porque, afinal, a Columbia é, ou melhor, era uma das maiores do mundo, com um catálogo de mais de 3.500 títulos, em distribuição ativa em mais de sessenta países. E com centenas de sucessos de bilheteria, desde o clássico *Lawrence da Arábia* até o *Homem-Aranha*. Mas acontece que atualmente o resultado financeiro das salas de cinema está perdendo importância para o rendimento do chamado *home entertainment*, que inclui o vídeo, o DVD e os jogos de computador.

Se a Sony fabrica as mídias e as máquinas, agora é ela que comanda o consumo doméstico. Portanto, daqui para frente, dispensa intermediários e abandona o velho nome da Columbia. O fato aponta para a tendência de uma futura diminuição das salas de cinema. Elas ficariam apenas como mostruário dos produtos, cujo consumo mais expressivo aconteceria mesmo na segura tranquilidade dos lares, longe dos congestionamentos e das filas, a um custo muito menor. Pelo preço de um único ingresso hoje é possível levar para casa o último vencedor do Oscar, mais um clássico produzido há meio século e, de quebra, o desenho animado preferido das crianças.

Melhor ainda, com os filmes, pode-se aproveitar as informações adicionais dos chamados "extras" dos DVDs, que geralmente trazem biografias, entrevistas e documentários mostrando como eles foram feitos. Às vezes até mais interessantes que os filmes a que se referem, alguns desses *making-ofs* valem como verdadeiras aulas sobre criação e produção em cinema. Mas o fato é que, nos dias de hoje, sem uma orientação sistemática ao alcance das pessoas, o público vem sendo conduzido pelo pessoal das locadoras e pelos distribuidores. Os críticos que atuam em revistas e jornais diários, por sua vez, concentram-se em analisar os novos lançamentos e só eventualmente comentam os chamados "clássicos".

Por que o cinema é chamado de "sétima arte"?

A expressão "sétima arte" foi usada pela primeira vez em 1912 pelo italiano Ricciotto Canuto. Na época, a definição causou polêmica. Nem todos achavam que uma invenção tão recente pudesse ser enumerada ao lado das seis artes já consagradas historicamente: a dança, o teatro, a música, a literatura, a pintura e a escultura.

O cinema dialoga com todas as outras artes

Com essa explosão do consumo de produtos audiovisuais proporcionada pelo DVD, se o cinema já empolgava as massas, agora exerce a função de uma espécie de moeda universal no mercado de troca de ideias e opiniões. A chamada "sétima arte", na verdade, incorpora elementos de todas as demais. A proximidade com o teatro talvez seja a mais nítida. Quase todo filme de ficção tem atores que interpretam um texto (cômico ou dramático) num cenário, com figurinos, iluminação, maquiagem e todos os demais elementos que são comuns às duas artes. Ao longo da história do cinema, foram centenas as peças teatrais transcritas para a tela. Por sua vez, o relacionamento entre o cinema e a literatura é também evidente. Até porque é nos livros que o cinema colhe a maior parte das histórias que servem de base para os seus roteiros. Tanto é assim que muitos títulos citados neste livro por Moacyr Scliar, no capítulo "Ficção", já foram levados para as telas.

> "Às vezes mando filmar algumas cenas fora de foco. É o único jeito de ganhar o prêmio de melhor filme estrangeiro."
>
> Billy Wilder

Com maior ou menor intensidade, também quase todo filme inclui música em sua trilha sonora. E quando se trata do gênero musical, nunca falta dança. A coreografia e demais técnicas do balé também são usadas em casos em que a movimentação dos atores é coreografada, como em determinados espetáculos de ação e aventura. Pintura e escultura aparecem nos cenários, figurinos e, de certa forma, na própria fotografia. Mas tudo isso é discutível, assim como as ligações entre o cinema e a poesia. Seria possível fazer um filme que tivesse a mesma estrutura de um poema? Em 2004, por exemplo, Jean Luc Godard tentou fazer isso com o filme *Nossa música*. Inspirada em *A divina comédia*, essa obra se divide em três partes, Inferno, Purgatório e Paraíso, assim como o texto de Dante Alighieri.

Mas isso também é passível de discussão. Em qualquer conversa, aliás, quando falta assunto, discute-se cinema. Debater política ou religião pode ser constrangedor, mas polemizar sobre cinema é sempre um tempero capaz de animar a mais monótona das reuniões sociais. Provavelmente, para não ser obrigada a emudecer numa situação dessa natureza, a moça do *palmtop* procura aprimorar seu repertório.

Terminado o filme, lá vem o debate

Mais do que qualquer outra manifestação artística, e até mais do que muitas modalidades esportivas, o cinema se presta ao debate e ao confronto de posições. Independentemente de eventos como o Oscar e os festivais nacionais e internacionais, os filmes se revestem invariavelmente de uma aura competitiva. Até a mais modesta das produções almeja conquistar o interesse de um setor do público, em detrimento das demais. Em qualquer filme há sempre um aspecto, de forma ou de conteúdo, que se presta à controvérsia.

Como argumento em favor dessa afirmação, recorro à histórica experiência do *Última sessão de cinema*, um programa de debate transmitido entre 1976 e 1980 pela TV Cultura de São Paulo. Idealizado por Fernando Faro e por Walter George Durst, o programa era produzido e apresentado por mim, com direção de imagens de Antonio Carlos (Pipoca) Rebesco. Naquele período, a TV Cultura exibia o mesmo filme de segunda a quinta-feira e, nas noites de sexta, mostrava um debate de uma hora sobre ele. Além de críticos profissionais de cinema, como A. C. Carvalho, Alfredo Sternheim, Orlando Fassoni, Rubem Biáfora e Rubens Ewald Filho, os mais diversos especialistas participavam dos programas, sempre "gravados ao vivo", como se faz com as partidas de futebol. Em outras palavras, o tempo da gravação correspondia exatamente ao tempo do programa no ar. Não se editava o material gravado e todas as opiniões eram transmitidas por inteiro, garantindo o frescor e a emoção dos debates.

Alternando-se ao longo dos quatro anos em que o *Última sessão de cinema* esteve no ar, um elenco mais ou menos fixo de debatedores dava sustentação às discussões. Dele faziam parte gente como Carlos Guilherme Motta (historiador), Diogo Pacheco (maestro), Flavio Bierrenbach (jurista), Gabriel Cohn (cientista político), Jaime Pinsky (historiador), José Álvaro Moisés (sociólogo), Leo Gilson Ribeiro (ensaísta), Luiz Celso Piratininga (publicitário), Ottaviano de Fiori (editor), Paulo Gaudêncio (psicólogo), Percival de Souza (jornalista) e Rui Messias (educador).

Conforme o filme, convidava-se também uma pessoa que tivesse ligação direta com a sua temática. Para um drama policial, chamava-se eventualmente um criminalista, assim como a presença de um historiador era indispensável para se conversar sobre um filme histórico. Os nomes citados eram os mais habituais e participavam mais assiduamente das gravações. Mas uma estimativa simples permite calcular que, no mínimo, mais uma centena de especialistas colaboraram com o *Última sessão de cinema.*

Na época, em pleno regime militar, com todos os meios de comunicação sob rígido controle, nas televisões não se emitia opinião de espécie alguma. A não ser talvez em programas sobre futebol. O jornalismo de televisão era unicamente informativo e até as entrevistas mostravam-se escassas, verdadeiras raridades. Foi na TV Cultura, uma emissora pública, que o cinema ajudou a furar o bloqueio. Aos poucos, ao lado de questões puramente estéticas e formais, determinados pontos e problemas de natureza política e sociológica foram sendo colocados em pauta. Cerca de duzentos filmes, em sua maioria clássicos americanos, europeus e brasileiros, foram analisados em grupo, estimulando a reflexão e a crítica sobre o vasto conjunto de temas e situações por eles abordados. Seguindo-se ao sucesso de *Última sessão de cinema,* na grade da TV Cultura logo se instalaram programas de linha semelhante, dedicados à análise grupal de obras de outras áreas artísticas, como teatro e música.

Como principal resíduo dessa experiência, ficou a certeza de que os filmes, na qualidade de criações humanas artisticamente complexas, merecem ser analisados sob os mais diversos pontos de vista e por meio de diversas disciplinas. Alguns dos seus participantes levavam os debates para os cursos que ministravam, porque verificavam que discutir filmes é um exercício capaz de ampliar o senso crítico e tornar mais aguda a consciência social das pessoas. Outros, mais ousados, acreditam que essa é uma prática que pode formar gerações inteiras.

"A duração de um filme deveria se medir pela capacidade de tolerância da bexiga humana."
Alfred Hitchcock

Afinal, quais são os melhores?

Para responder adequadamente à pergunta da moça do *palmtop*, portanto, o recurso ideal seria promover uma enquete, por exemplo, junto aos que participaram do programa *Última sessão de cinema*. Enquanto isso não acontece, podemos recorrer ao tradicional *Festival dos Melhores do Ano* que o Sesc promove há décadas, colhendo os votos dos principais críticos, pesquisadores e professores de São Paulo. Note-se que, pelo menos no que se refere aos filmes brasileiros, a votação dos especialistas sempre tende a eleger as obras de mais difícil assimilação por parte do público.

Em uma das últimas versões do evento, os especialistas preferiram o obscuro experimentalismo de Júlio Bressane, com *Filme de amor*, em que três pessoas comuns encarnam o mito grego das Três Graças. Por sua vez, o público posicionou-se a favor de Jayme Monjardim, que também dirige telenovelas e naquele ano lançava *Olga*, o drama político protagonizado por Olga Benário, uma das figuras femininas mais singulares da história do Brasil.

Além disso, os pontos de vista dos críticos vão se alterando conforme cada período, em função mesmo das transformações de caráter social e político. Observe-se, por exemplo, que em 1989, 1992 e 1993, eles nem chegaram a indicar os melhores filmes nacionais, por causa de uma profunda crise na produção brasileira. O governo Collor extinguira a Embrafilme, fazendo com que a produção de cinema caísse à estaca zero. Só com as novas leis de incentivo à atividade audiovisual, a partir de 1994, voltou-se a produzir cinema no Brasil.

De qualquer modo, tome nota da lista a seguir. Alguns títulos são mais fáceis de encontrar. Outros, nem tanto. Mas com ela você terá, com certeza, um ótimo roteiro para começar a encomendar, a partir de hoje, seus filmes numa boa locadora perto de casa.

Os "melhores do ano", eleitos pelo Sesc

Ano	Nacionais	Internacionais
1974	*A herança* Ozualdo Candeias	*Gritos e sussurros* Ingmar Bergman, Suécia
1975	*O amuleto de Ogum* Nelson Pereira dos Santos	*Amarcord* Federico Fellini, Itália
1976	*Xica da Silva* Carlos Diegues	*O passageiro: profissão repórter* Michelangelo Antonioni, Itália
1977	*O crime de Zé Bigorna* Anselmo Duarte	*Face a face* Ingmar Bergman, Suécia
1978	*Lúcio Flávio, passageiro da agonia* Hector Babenco	*Pai Patrão* Paolo e Vittorio Taviani, Itália
1979	*Tudo bem* Arnaldo Jabor	*A árvore dos tamancos* Ermano Olmi, Itália
1980	*Pixote, a lei do mais fraco* Hector Babenco	*O império dos sentidos* Nagisa Oshima, Japão
1981	*Eles não usam black-tie* Leon Hirszman	*Meu tio da América* Alain Resnais, França
1982	*O olho mágico do amor* Ícaro Marins e José Antônio Garcia	*Crônica de um amor louco* Marco Ferreri, Itália
1983	*Sargento Getúlio* Hermano Penna	*Mephisto* István Szabó, Hungria
1984	*Memórias do cárcere* Nelson Pereira dos Santos	*A noite de São Lourenço* Paolo e Vittorio Taviani, Itália
1985	*Avaeté, a semente da vingança* Zelito Viana	*Paris, Texas* Wim Wenders, EUA
1986	*A hora da estrela* Suzana Amaral	*Hannah e suas irmãs* Woody Allen, EUA

Ano	Nacionais	Internacionais
1987	*Anjos da noite* Wilson Barros	*A era do rádio* Woody Allen, EUA
1988	*A dama do Cine Shangai* Guilherme de Almeida Prado	*Adeus meninos* Louis Malle, França
1989	Não houve indicado	*Os vivos e os mortos* John Huston, EUA
1990	*Os sermões* Júlio Bressame	*Asas do desejo* Wim Wenders, Alemanha/França
1991	*A grande arte* Walter Salles Jr.	*Paisagem na neblina* Théo Angelopoulos, Grécia
1992	Não houve indicado	*Lanternas vermelhas* Zhang Yimou, China
1993	Não houve indicado	*Adeus, minha concubina* Chen Kaige, China
1994	*Alma corsária* Carlos Reichenbach	*Short cuts: cenas da vida* Robert Altman, EUA
1995	*Terra estrangeira* Walter Salles Jr. e Daniela Thomas	*Antes da chuva* Milcho Manchevski, Macedônia
1996	*Como nascem os anjos* Murilo Salles	*Segredos e mentiras* Mike Leigh, Inglaterra
1997	*Baile perfumado* Paulo Caldas e Lírio Ferreira	*Ondas do destino* Lars Von Trier, Dinamarca
1998	*Central do Brasil* Walter Salles Jr.	*Carne trêmula* Pedro Almodóvar, Espanha
1999	*Santo forte* Eduardo Coutinho	*Tudo sobre minha mãe* Pedro Almodóvar, Espanha

Ano	Nacionais	Internacionais
2000	*Eu, Tu, Eles* Andrucha Waddington	*Dançando no escuro* Lars Von Trier, Dinamarca
2001	*Lavoura arcaica* Luiz Fernando Carvalho	*Amor à flor da pele* Wong Kar-Wai, Hong Kong/França
2002	*Cidade de Deus* Fernando Meirelles	*Fale com ela* Pedro Almodóvar, Espanha
2003	*O homem que copiava* Jorge Furtado	*As invasões Bárbaras* Denys Arcand, Canadá/EUA
2004	*Filme de amor* Júlio Bressane	*Dogville* Lars Von Trier, Dinamarca
2005	*Cinema, aspirinas e urubus* Marcelo Gomes	*Menina de ouro* Clint Eastwood, EUA
2006	*O céu de Suely* Karim Aïnouz	*Caché* Michael Haneke, Áustria/França/ Alemanha/Itália
2007/ 2008	*Jogo de cena* Eduardo Coutinho	*Em busca da vida* Jia Zangh-ke, China
2009	*Linha de passe* Walter Salles Jr. e Daniela Thomas	*A questão humana* Nicola Klotz, França
2010	*É proibido fumar* Anna Muylaert	*Bastardos inglórios* Quentin Tarantino, EUA
2011	*Viajo porque preciso, volto porque* *te amo* Marcelo Gomes e Karim Aïnouz	*Vincere* Marco Bellochio, Itália/França

Esta lista, é claro, reflete as escolhas de um grupo de especialistas de São Paulo sobre os filmes exibidos na cidade, nas últimas três décadas. Mas é um apanhado digno de interesse, até porque não se origina da opinião de uma única pessoa, mas de um grupo dotado de uma relativa estabilidade.

Contudo, se quisermos conhecer um apanhado sobre o que foi feito de mais importante nesse que foi o século do cinema, recomenda-se consultar também o *British Film Institute*. Desde 1952, de dez em dez anos, por meio de sua revista *Sight and Sound*, o instituto britânico do cinema promove uma nova eleição sobre os dez maiores espetáculos cinematográficos de todos os tempos. O que a credencia é justamente um grupo de especialistas que, há meio século, trabalha tão distante de Hollywood quanto das preferências culturais dos demais países da Europa e do Oriente. Na lista a seguir, a mais recente, mantivemos um resumo da conceituação que o próprio *British Film Institute* oferece para cada filme. São clássicos, filmes eternos, que você não pode deixar de ver.

Os melhores filmes de todos os tempos, segundo o British Film Institute

Cidadão Kane (*Citizen Kane*. Orson Welles, 1941) – Absorvente processo pelo qual um magnata da imprensa sobe ao poder. Welles tinha apenas 26 anos quando, com esse seu filme de estreia, reinventou o modo como o cinema pode contar histórias.

Um corpo que cai (*Vertigo*. Alfred Hitchcock, 1958) – Uma história de detetive ou uma delirante investigação acerca do desejo e do ciúme? Hitchcock tem o dom de transformar o gênero em veículos para as suas próprias e obscuras obsessões. O filme mostra o diretor no melhor de seu magnetismo.

A regra do jogo (*La règle du jeu*. Jean Renoir, 1939) – Tragédia e comédia se combinam numa casa de campo. Um grupo de aristocratas busca a tranquilidade rural, mas maridos, esposas e amantes se enganam uns aos outros, enquanto trocam declarações de amor às vistas da criadagem.

O poderoso chefão I e II (*The godfather / The godfather II*, Francis Ford Coppola, 1972/1974) – Poucos filmes retrataram a experiência dos imigrantes nos EUA, nem expuseram de modo tão implacável as contradições do sonho americano quanto esses filmes de Coppola, que contam com um elenco de alto calibre: Brando, De Niro, Pacino, Keaton, Duvall e Caan.

Uma história em Tóquio (*Tokyo Monogatari*. Yasujiro Ozu, 1953) – Um casal de idosos viaja a Tóquio para visitar os filhos crescidos e se confronta com a indiferença e a ingratidão. É um relato pungente, em que o impacto emocional vem de uma narrativa minimalista, que nos toca muito mais pelo que não é dito do que pelo que é revelado.

2001: Uma odisseia no espaço (*2001: A space odyssey*. Stanley Kubrick, 1968) – Um dos mais ambiciosos projetos já realizados em Hollywood: em um único filme conta-se um drama que se inicia na pré-história e vai até o início do terceiro milênio. Os efeitos especiais são os mais belos e funcionais apresentados até então pelo cinema.

O encouraçado Potemkin (*Bronenosets Potyomkin*. Sergei Eisenstein, 1925) – Essa recriação de um motim dos marinheiros em um navio de guerra em 1905 é, ao mesmo tempo, um experimento formal de montagem e uma peça de propaganda política destinada às massas. A sequência da Escadaria de Odessa é uma das mais memoráveis do cinema.

Aurora (*Sunrise*. Friedrich Murnau, 1927) – Fugido da Alemanha, onde nasceu, o diretor teve à disposição todos os recursos de um grande estúdio de Hollywood, em sua estreia nos Estados Unidos. Produziu um filme romântico com um visual tão magnífico que é considerado uma das últimas pérolas do cinema mudo.

8 1/2 (Federico Fellini, 1963) – Peça autobiográfica que é um maravilhoso voo livre de eufórica imaginação, combinando realidade e fantasia para construir o filme definitivo sobre o fazer do cinema. Trata da agonia e do êxtase que acompanham os processos criativos nessa área.

Cantando na chuva (*Singin' in the rain*. Gene Kelly e Stanley Donen, 1952) – Impossível assisti-lo sem um sorriso nos lábios. É um afetuoso tributo aos dias de glória de Hollywood nos anos 1920: um prazeroso filme cantante e dançante que brinca com a introdução do som no cinema – uma inovação fatal para os fanhosos e os desafinados.

Essa relação é o resultado de um questionário respondido em 2002 por 145 críticos, pesquisadores e professores de cinema, além de 108 diretores de todo o mundo, na mais ampla pesquisa já feita pelo BFI. Logo de cara, percebe-se que a obra mais recente data de 1974, o que valoriza ainda mais a lista do Festival do Sesc, que se inicia justamente naquele ano.

Ficam, portanto, as perguntas: será que a criatividade cinematográfica estacionou há mais de 30 anos, ou o exercício de indicar o melhor filme é uma atitude essencialmente conservadora? Esperemos, então, a próxima pesquisa, que só deverá ser publicada em 2012. Até lá, quem sabe, a moça do *palmtop*, com a ajuda deste texto, tenha terminado de elaborar a sua própria lista.

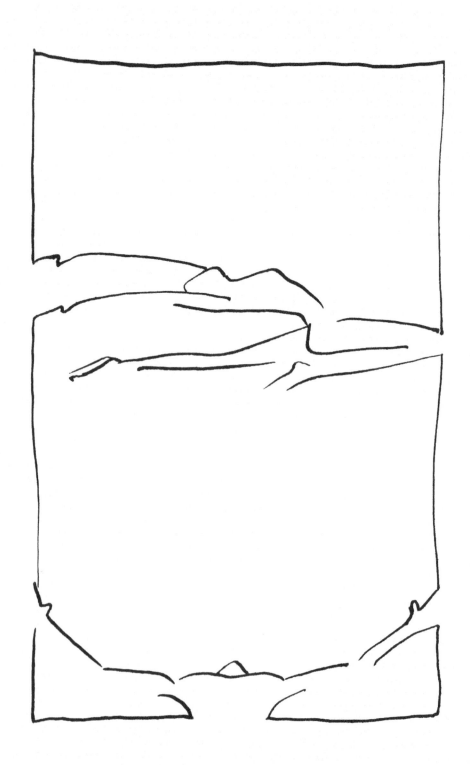

Dança

Dalal Achcar

A dança é a mais antiga das artes. Antes mesmo de inventar a música propriamente dita, o homem já se expressava por gestos, com movimentos ritmados, para festejar, agradecer aos deuses a colheita ou pedir proteção quando ia à guerra. Desde tempos imemoriais, portanto, a dança faz parte da cultura de todos os povos sobre a terra.

Contudo, houve momentos na história da humanidade não muito propícios e amistosos para a dança. Os romanos, por exemplo, preferiram trocá-la pelas atrações fúteis e violentas das arenas. Na Idade Média, a Igreja considerou-a "uma loucura lasciva, uma arte macabra, coisa do demônio", conforme referiu-se a ela Santo Agostinho, que a associou aos rituais de bruxas e feiticeiros.

Mas a dança, originária dos antigos cultos pagãos, perderia seu caráter de marginalidade durante o Renascimento e, daí, curiosamente, não muito tempo depois, passaria a ser considerada uma arte elitista, reservada apenas aos nobres. Essas danças aristocráticas eram, na verdade, simples "passeios" acompanhados de poesia e música. Ordenados em grupos ou pares, os nobres da corte de Luiz xiv, na França, "passeavam" pelos vastos salões do Palácio de Versalhes após devorarem suntuosos banquetes. Com isso, o rei dava ocupação aos aristocratas que, com sua vaidade para participar de festejos no palácio real, tinham menos tempo para se dedicar a intrigas, invejas e guerras entre territórios e condados rivais.

Mas, na medida em que os coreógrafos, isto é, os arranjadores de passos, ficavam mais competentes e elaboravam desenhos de dança que exigiam maior técnica e maior capacidade de reter movimentos variados, a dança tornou-se uma atividade difícil demais para ser executada pelos membros da corte. Os dançarinos, que antes se misturavam aos nobres para dar-lhes suporte, foram se profissionalizando. Os nobres deixaram de atuar, contentando-se com a posição de privilegiados espectadores.

Alguns termos da dança clássica

Pas-de-deux. Significa passo de dois, ou seja, é uma dança feita para um casal de bailarinos. O *pas-de-deux* é um dos grandes momentos de todo balé e geralmente é dançado pelos bailarinos principais.

Pas-de-trois. Dança para três pessoas.

Pas-de-quatre. Dança para quatro pessoas.

Pas-de-valse. Passo valsado.

Pas-de-bourré. Passo em que o peso é transferido de um pé para o outro em três pequenos passos. Dá a impressão que o bailarino está deslizando no palco.

Todos os grandes teatros de ópera mantinham um corpo de baile exclusivamente para dançar nos entreatos – *entracte*, em francês, hoje chamado de intervalo – e destinado apenas a distrair os senhores, enquanto as damas iam ao toalete, retocar o cabelo ou a maquiagem. Os homens da plateia se deleitavam com as bailarinas, que, muito frequentemente, tornavam-se suas amantes e, assim, subiam um degrau na escala social.

Por isso, a classe operária ficava radiante quando uma de suas filhas apresentava algum talento para a dança e conseguia uma vaga na escola da Ópera de Paris, criada em 1661, sob o título de Academia Real de Dança. Para a moça, era a chance de uma vida melhor e, às vezes, de um bom casamento. O mesmo se passava na Escola Imperial Russa, onde várias bailarinas chegaram a se tornar princesas.

Ao final do século XIX e no começo do século XX, na medida em que os grandes balés clássicos passavam a desfrutar do gosto e da atenção do público, a dança passou a ter seu próprio corpo de baile e suas estrelas principais, que só dançavam em noites especiais. Isso fez com que as danças das óperas passassem a ser executadas por bailarinos de menor capacidade técnica. Em compensação, os espetáculos específicos de dança começavam a encantar o mundo.

De onde vem a palavra "balé"?

O balé clássico nasceu com a Renascença, na corte dos Médicis. O termo balé, ou *ballet*, em francês, veio do italiano *ballare*, que significa bailar ou dançar.

Em 1832, Filippo Taglioni criou o balé *La Sylphide*, em homenagem à sua filha bailarina, Marie Taglioni. A simulação de uma dança flutuante e as bailarinas pela primeira vez com *tutus* – os característicos vestidos de tule, com corpete justo, que facilitam os movimentos – enfatizaram os efeitos da coreografia.

A primeira obra que entrou para o rol dos grandes clássicos da dança foi *Giselle*, de 1841, balé romântico, baseado em uma lenda alemã. Giselle é uma camponesa que se apaixona por um príncipe sem saber que ele é nobre e, ao descobrir que é noivo de outra com quem vai se casar em breve, enlouquece e morre do coração, transformando-se em uma *willi* – espírito de mulher que morre antes do casamento e volta à terra para atormentar os homens que passam pelos bosques de suas aldeias, fazendo-os dançar sem parar, até morrerem de cansaço.

Giselle, no segundo ato, salva seu príncipe desse destino fatal, dançando em seu lugar por várias vezes, até que o sol desponta e ela, como todas as *willis*, volta para sua tumba. A emoção romântica, a beleza da coreografia das *willis* e a interpretação de Carlotta Grisi, famosa bailarina da época, transformaram esse balé num clássico dos clássicos.

> "A dança é um dom dos deuses."
>
> Platão

Entre os grandes balés clássicos e imperdíveis estão também *O lago dos cisnes*, com música de Tchaikovsky, e *Romeu e Julieta*, baseada na obra de Shakespeare, com música de Serge Sergeyevich Prokofiev. No mundo inteiro, as mais importantes companhias, estatais ou nacionais, públicas ou privadas, têm obrigatoriamente em seu repertório as obras clássicas, quase todas criadas no século XIX e na primeira metade do século XX, aquele período em que a dança firmou-se como arte independente, deixando de ser coadjuvante das óperas.

Porém, é bom lembrar que todas as grandes obras clássicas da dança ou de outras artes devem ser assistidas quando interpretadas por companhias de alto nível artístico. Exatamente por ser um clássico, a obra possui um conjunto de elementos especiais que exige excelência de seus intérpretes.

O melhor da dança clássica

Coppelia – Leo Delibes
Dom Quixote e *La bayadère* – Ludwig Minkus
Giselle e *O corsário* – Adolphe Adam
La Sylphide – Herman Lovenskjold
O lago dos cisnes, *A Bela Adormecida* e *O quebra-nozes* – Tchaikovsky
Romeu e Julieta – Serge Prokofiev

Algumas companhias de primeira grandeza

Balé Kirov e Balé Bolshoi (Rússia)
Royal Ballet (Inglaterra)
Balé da Ópera de Paris (França)
American Ballet Theatre (Estados Unidos)
Balé do Teatro Colón (Argentina)
Balé do Theatro Municipal do Rio de Janeiro (Brasil)
Australian Ballet (Austrália)

O século xx

A partir de 1909, e durante as duas décadas seguintes, o balé russo encantou Paris. A companhia Les Ballets Russes, comandada pelo empresário Serge Diaghilev e tendo como coreógrafo-chefe Michel Fokine, dominou o mundo da dança na época. Sobressaía o brilho de suas duas estrelas, Vaslav Nijinsky e Tamara Karsavina, bem como a música de Igor Stravinsky, os figurinos e cenários desenhados e pintados por grandes nomes das artes plásticas universais, entre os quais Pablo Picasso, Leon Bakst, Alexander Benois e Fernand Léger.

Logo depois, ainda no começo do século xx, duas bailarinas também deixaram sua forte marca no mundo da dança: a russa Ana Pavlova e a norte-americana Isadora Duncan. A primeira, Pavlova, destacou-se pela versatilidade e por ter levado sua arte pelos quatro cantos do planeta – até na Amazônia ela dançou –, o que faz seu nome ser lembrado até hoje como o de uma artista extraordinária. A segunda, Isadora Duncan, ousou rebelar-se contra a dança estabelecida e codificada, criando um estilo livre, inspirado nas imagens da mitologia grega, com suas deusas e ninfas. Isadora encantou a Europa com sua dança de exaltação à liberdade, apresentando-se descalça, com trajes e véus diáfanos.

Segundo "receita" divulgada pela fábrica Freed, a mais tradicional da Inglaterra, a ponta da sapatilha das bailarinas é feita de farinha de centeio, farinha de trigo, cola e um pouco de água, seguindo uma fórmula de mais de cem anos.

Depois da guerra

Até a Segunda Guerra Mundial, só existiam duas vertentes. O chamado "*ballet* clássico" e o "*ballet* moderno", mais conhecido como "dança moderna", originária da Alemanha, país que sempre teve como preferência espetáculos de natureza e conteúdos mais densos, profundos e herméticos. Na escola alemã, expressionista, na qual se destacavam Mary Wigmann, Loie Fuller e Kurt Jooss, os artistas buscavam expressões corporais que transmitissem as emoções, angústias e os conflitos da era moderna.

Por essa época, a Europa, e principalmente a Alemanha, mal saíra da Primeira Guerra Mundial (1914-1918) e já estava em nova crise, que culminaria com a Segunda Guerra (1939-1945). Os dois conflitos mundiais obrigaram artistas europeus a migrar, a maioria deles para os Estados Unidos, onde encontraram um campo fértil para irradiar a nova técnica e o novo estilo que fez surgir os grandes nomes da dança americana, como José Limon, Martha Graham, Merce Cunningham e Paul Taylor.

Agora, muitos coreógrafos contemporâneos misturam as duas técnicas, *ballet* clássico e dança moderna, buscando novas formas expressivas que possam responder às necessidades poéticas atuais, criando um novo segmento para a dança com o teatro dançado. Um dos expoentes nessa linha é a alemã Pina Bausch (1940-2009).

A partir dos anos 1960, a dança sofreu ainda grandes mudanças e experimentou um ressurgimento espetacular. Jovens coreógrafos surgiram e trouxeram com eles novos estilos coreográficos. Um desses novos talentos, Maurice Béjart, teve papel preponderante na mudança da própria concepção do que seja um espetáculo de dança. De formação acadêmica, Béjart encontrou um caminho entre o clássico e o neoexpressionismo na dança, inspirado por dois fatores: uma marcada ideologia socialista típica da época, enfatizada pela oposição à guerra do Vietnã, e o misticismo de influência oriental, que virou moda junto com o movimento *hippie*. Tudo isso temperado ao som da música do grupo que se tornou ícone de uma geração: os Beatles.

Os dois primeiros balés de sucesso de Béjart – *Sinfonia para um homem só* e *A sagração da primavera* – causaram tanto impacto entre os jovens que, de um dia para o outro, ele se viu diretor de uma importante companhia sediada na Bélgica, em Bruxelas, no Theatre de la Monnaie. Béjart tornou-se a grande coqueluche da juventude da época, o que, no mínimo, fez quadruplicar o público habitual que assistia a espetáculos de dança. Sua popularidade chegou até o *establishment* conservador, que antes lhe torcia o nariz. Maurice Béjart passou a exercer sobre a crítica o mesmo encantamento que despertavam outros monstros sagrados desse tempo, como Margot Fonteyn, Rudolf Nureyev, Roland Petit, Zizi Jeanmaire e Yves Saint-Laurent.

> "A dança é uma forma de vida que conduzirá a humanidade a um crescimento permanente e a uma maior dimensão de nossa existência."
>
> Ted Shawn

A partir de então, muitas outras mudanças ocorreram no mundo da dança. A necessidade de entrar em sintonia com um público mais jovem, com temas e estilos bem diferentes dos habituais, levou alguns coreógrafos a incorporar movimentos do atletismo, por exemplo, criando novos passos virtuosos, admirados pela ousadia e pelo alto risco que a execução envolvia.

Contemporaneidade, a convivência dos diferentes

Hoje temos uma diversidade de espetáculos de balé e dança que vão desde os grandes clássicos ao contemporâneo, passando pela dança-teatro e por gêneros populares como o jazz, sapateado, flamenco, dança de salão, dança do ventre, dança inventiva, minimalista, sagrada, além de uma série de estilizações de danças nacionais-populares como samba, tango, milonga, choro e rock.

Grandes companhias contemporâneas

Alvin Ailey American Dance Theatre (Estados Unidos)
Arteballetto (Itália)
Grupo Corpo (Brasil)
Nacho Duato (Espanha)
Pilobolus Dance Theatre (Estados Unidos)

Mas as companhias de dança se dividem também, atualmente, em dois segmentos: as de formação clássica, que executam as obras tradicionais e somam ao seu repertório novas peças contemporâneas de vários autores, e as companhias ou grupos que desenvolvem o repertório com obras especialmente criadas pelo coreógrafo que as dirige. Estas, procuram descobrir e incentivar autores contemporâneos que possam se transformar, quem sabe, nos clássicos dos séculos XX e XXI. Dessa forma, a dança vai se renovando, se reinventando, sem perda da tradição que mantém vivas as artes e culturas de nossa civilização.

Pintura

Marialice Pedroso

Conta-se que, certa vez, com ares de reprovação, um oficial nazista teria indagado, diante do célebre quadro *Guernica*, que retrata os horrores e atrocidades da guerra civil espanhola e é considerada a obra-prima do pintor Pablo Picasso: "Foi o senhor quem fez isso?" Ali do lado, após alguns breves segundos de reflexão, Picasso retrucaria: "Não, não fui eu. Foram vocês."

Nada melhor do que esse diálogo para nos fazer entender o que significa a palavra "beleza" quando falamos de arte. Costuma-se dizer, com certa frequência, que "a arte é a expressão do belo". O problema nessa definição apressada é que se torna extremamente difícil encontrar uma boa resposta para uma segunda interrogação, de ordem filosófica, que na verdade persegue o homem desde a sua origem sobre a terra: "mas, afinal, o que é o belo?"

Reconhecer a beleza, sabemos, é algo subjetivo. O que, para alguém, pode ser considerado belo, para outro, pode provocar repulsa ou indiferença. Além do mais, o conceito de beleza evoluiu e continua evoluindo com o tempo, transformando-se ao longo da história da arte e da humanidade. Uma transformação, vale dizer, feita de rupturas e polêmicas, contradições e escândalos. Todo artista é, antes de tudo, um transgressor, um inconformado diante da arte e da vida. É exatamente por isso que ele cria.

Assim, deleitar-se com uma obra de arte envolve, além da sensibilidade, conhecimento e olhos livres. É preciso, primeiramente, aprender a ver. Visitar museus, galerias, palestras e cursos, lógico, acrescenta muito ao nosso repertório artístico, amplia o nosso foco de visão. Mas é preciso, também, entender como a arte evoluiu ao longo dos séculos. Assim, ler sobre o assunto é fundamental, bem como procurar se manter atualizado sobre as novas tendências e correntes, por meio das sempre inquietantes bienais.

É preciso saber observar, comparar obras de diferentes artistas entre si – ou de um mesmo artista em suas fases distintas. Em síntese: é preciso refinar o olhar. Só assim vamos compreender como e por que a arte seduz, instiga e envolve tanto quem a produz quanto quem a contempla.

> "Dizer que uma coisa é bela é um juízo; a coisa não é bela em si, mas no juízo que a define como tal."
>
> Giulio Carlo Argan

Das pinturas nas cavernas aos mestres renascentistas

A pintura surgiu no mundo pré-histórico como uma espécie de recurso mágico para ajudar na obtenção da caça. Por incisões nas paredes das cavernas e manchas de pigmentos obtidos de plantas e minerais, o homem primitivo inaugurou a produção pictórica e, talvez, a primeira manifestação artística. Ao representar a natureza em imagens, procurava desvendá-la, dominá-la, obter poderes sobre ela. Mas a pintura apareceu pela primeira vez com uma intenção nitidamente ornamental nos tijolos de barro cozido dos templos e palácios da Mesopotâmia – chamada de "o berço da civilização" –, recobrindo desenhos em relevo.

Com função muito mais religiosa e menos decorativa, o povo egípcio deixava registrados, em pinturas e esculturas, detalhes da existência terrena e do que acreditava ser a vida após a morte. Um aspecto que chama a atenção nas figuras típicas dos murais egípcios é que o rosto humano era apresentado de perfil, mas os braços e o corpo eram representados de frente. Isso se devia ao fato de que os egípcios retratavam a figura humana levando em conta a posição de onde consideravam que podiam ser melhor observadas cada uma de suas partes específicas.

Os gregos, no seu apogeu, elevaram o nível da arquitetura, da escultura, do teatro, da poesia, da filosofia e da democracia, mas conhecemos sua pintura muito mais pelo que subsistiu na arte cerâmica. No entanto, fragmentos de edifícios comprovam a existência também da ornamentação pictórica entre o povo grego, que associava a ideia de belo com a de perfeição das formas e com a simetria.

As primeiras ilustrações gregas eram oferendas da natureza, na forma de golfinhos, grifos e formas abstratas, desenhos que compõem, por exemplo, os afrescos reconstituídos no Palácio de Cnossos, em Creta. A mesma técnica pode ser observada nas habitações de Pompeia e de algumas *villas* romanas, retratando figuras humanas, temas mitológicos e naturezas-mortas, distribuídos em grandes painéis decorativos.

> **Afresco.** O afresco é uma técnica de pintura mural, executada sobre o reboco ainda úmido. As tintas, diluídas em água, aderem à superfície após a secagem. Essa foi a técnica empregada por Giotto na *Capella degli Scrovegni* e também o modo como Michelangelo pintou o *Juízo Final* e *A Criação do Homem* na Capela Sistina.

Um pouco adiante no tempo, dos mosaicos bizantinos aos vitrais coloridos das igrejas medievais, diversos suportes e técnicas artísticas estiveram ligados à representação da espiritualidade no início da era cristã. Difundiu-se, então, uma nova concepção da beleza, que passou a ser identificada com o bem, com a verdade e com a própria ideia de Deus. Tratava-se, portanto, de uma arte de inspiração eminentemente religiosa, em que a perspectiva e o volume ainda eram desprezados – as imagens aparecem em cores "chapadas", sem meios tons ou jogos de luz e sombra. Só com o pintor Giotto di Bondone, no século XIII, a tridimensionalidade seria finalmente incorporada à pintura.

No Renascimento, a perspectiva tornou-se, ao mesmo tempo, ciência e arte. Numa retomada do espírito clássico anterior ao cristianismo, inaugurou-se uma nova concepção, a ideia do homem como "medida de todas as coisas". Com efeito, para os renascentistas, a verdadeira obra de arte passava a ser aquela criada unicamente para o deleite estético, sem qualquer utilidade de ordem prática. A beleza passava a ser ligada à simbologia das formas geométricas e aos números, em uma clara influência do ideal clássico de precisão e de simetria.

O que é perspectiva?

> Perspectiva é uma técnica que busca representar objetos tridimensionais sobre uma superfície plana, como a tela de um quadro, dando a ilusão de espessura e profundidade, reproduzindo o mesmo efeito conseguido pela visão humana.

Ela é obtida por meio de linhas paralelas que convergem para um mesmo ponto da obra, o chamado ponto de fuga.

No século xv, Jan Van Eyck aperfeiçoou a técnica da pintura a óleo, recém-inventada, o que representou grande avanço para as artes do período, o equivalente, em termos de novidade, à descoberta das regras matemáticas na perspectiva. Por volta do ano 1500, surge a figura de Leonardo da Vinci, autor da famosa *Mona Lisa*, obra genial e que até hoje representa um enigma a desafiar estudiosos e historiadores da arte. Nesse quadro, aparece pela primeira vez o *sfumato* ("esfumaçado"), recurso que consiste na diluição e na suavização da linha divisória entre a luz e a sombra, entre uma cor e outra, entre as imagens e o fundo que as envolve, provocando sensação de volume e profundidade. Outro gênio, Michelangelo Buonarroti, reconhecido escultor e arquiteto, aceitou o desafio de compor os afrescos na Capela Sistina. Revelou-se, nesse trabalho, além de grande pintor, um colorista, articulador de cena e profundo conhecedor da anatomia humana.

Por sua vez, Rafael di Sanzio, o autor das *Madonas* e da *Escola de Atenas*, decorou os aposentos papais e a *Villa Farnesina* com imagens de intensa beleza. As figuras de "Deus Pai" e da "Virgem", criadas por Michelangelo e Rafael, estabeleceram a partir daí um paradigma de representação dessas figuras para todos os artistas que vieram depois deles nesse tempo. Ticiano Vecellio, ao Norte da Itália, exaltou os valores cromáticos e ampliou o reconhecimento da arte por meio de retratos e representação de cenas. A pintura da *Assunção da Virgem*, em óleo sobre madeira, por si só justifica uma visita à igreja *Santa Maria dei Frari*, em Veneza.

Para apreciar a arte renascentista

Note como os pintores renascentistas utilizavam a perspectiva, ou seja, representavam os objetos conforme as proporções que guardam entre si quando vistos a distância. Para isso, seguiam princípios rigorosos da matemática e da geometria.

Por essa época, os aspirantes à arte, estimulados pelos mais experientes, passaram a fazer exercícios lúdicos e anticonvencionais para divertimento próprio ou de uma clientela ávida por novidades. Por isso, parece-nos exagerada e deformada, por exemplo, a figura da *Virgem do pescoço longo,* de Parmigianino. O que dizer, então, do Maneirismo estampado nas figuras humanas feitas de frutos, animais marinhos, flores, madeira etc., do pintor Arcimboldo, um antinaturalista e precursor do modernismo?

> **Maneirismo.** O termo "Maneirismo" refere-se, de forma específica, ao estilo artístico que surgiu entre 1515 e 1560 na Europa, caracterizado pela busca de efeitos insólitos e ambíguos. De modo geral, a palavra hoje também é utilizada como sinônimo de estilo afetado.

Com o Barroco, surge o *trompe l'oeil*, que significa exatamente o que expressa a sua tradução literal do francês: "enganar o olhar". Trata-se de um estilo de pintura que, propositadamente, graças ao uso da perspectiva e do jogo de claro-escuro, "ilude" o observador, criando um cenário arquitetural, gerando uma ilusão de profundidade e fazendo-nos pensar que se trata de algo real, em três dimensões. Demonstrações dessa técnica ilusionista ornam os tetos das naves das igrejas de Gesù e Santo Inácio, em Roma.

Fortes contrastes de luz e sombra, de cheios e vazios, também reverberam na pintura barroca de artistas de diferentes credos e regiões da Europa: Caravaggio (Itália), Rubens (Bélgica), Rembrandt (Holanda), Velásquez (Espanha) e o belga Van Dyck, que se instalou na Inglaterra. Enquanto a corte papal privilegiava a pintura religiosa, a realeza e a burguesia preferiam o retrato e a paisagem, incluindo cenas mitológicas. Aos poucos, as imagens da natureza tornaram-se as favoritas do público e dos artistas, ao lado da pintura histórica.

A arte de então prosseguiria por dois caminhos básicos. Uma primeira corrente, que mais uma vez adotaria o equilíbrio da arte greco-romana como modelo e renegaria os excessos visuais do Barroco, baseou-se no exemplo das esculturas clássicas, produzindo uma pintura caracterizada exatamente pela exatidão dos contornos e por certa teatralidade das poses. Os corpos parecem cinzelados em bronze. É o chamado estilo Neoclássico, que tem na obra de Jacques-Louis David o seu principal representante. Enquanto isso, no Romantismo, com pinceladas carregadas e uso de cores intensas, artistas engajados numa política de inconformismo diante das desigualdades sociais, a exemplo de Eugéne Delacroix, ergueram bandeiras políticas, como no caso de *A liberdade guia o povo.*

"A arte é longa, a vida é breve."

Hipócrates

A arte nem sempre imita a vida

Quando surgiu a fotografia, a arte da pintura foi posta em xeque. Por que reproduzir uma imagem com tinta e pincel se qualquer fotógrafo, a partir de então, poderia fazê-lo com muito mais fidelidade e precisão? O que poderia parecer um impasse acabou liberando os artistas para o uso da livre expressão, ou seja, para romper com a tradição acadêmica e extrapolar a imagem do real. Qualquer tema e recurso tornaram-se viáveis, inclusive captar e revelar a natureza sob os efeitos mutantes da luz natural. As pinceladas adquiriram novo significado, as manchas passaram a revelar uma linguagem própria. Deixavam-se de lado os estúdios e os ateliês, preteridos pela pintura ao ar livre. Surgia o Impressionismo.

O termo "Impressionismo" foi inicialmente aplicado de forma pejorativa, como referência aos participantes do "Salão dos Recusados", artistas que montaram uma exposição paralela em protesto contra a rejeição de suas obras pelo júri da mostra oficial de Paris. Um crítico da época escreveu: "Selvagens obstinados, por preguiça ou incapacidade, não querem terminar seus quadros. Contentam-se com uns borrões, que representam sua impressões. Farsantes! Impressionistas!"

O nome pegou e foi assumido pelos próprios artistas. *Impressões: sol nascente* era, por sinal, o nome de uma das obras de Claude Monet, publicada no catálogo do "Salão dos Recusados". No rol de experimentações decorrentes do período, merece referência especial a arte de Georges Seurat, que, ao pontilhar a tela com cores puras e separadas, descobriu um efeito novo e revolucionário, o "pontilhismo". Em vez de se fundir no quadro, as cores se fundiam na retina do espectador.

Para apreciar os impressionistas

- Note como a pintura impressionista procura reproduzir os tons adquiridos pelos objetos expostos à luz em determinadas circunstâncias: céu nublado, dia claro, noite, tarde, manhã de sol.

- Perceba que as figuras não possuem contornos nítidos, já que os impressionistas afirmavam que a linha não existe na natureza e é apenas uma abstração humana para representar as imagens.

- Repare como o contraste entre a luz e a sombra é obtido não mais pelos jogos de claro-escuro, mas por meio do uso de cores complementares postas lado a lado.

- Veja como até mesmo as sombras de pessoas e objetos não são pretas, mas luminosas e coloridas.

- Observe que as cores não são misturadas antes de serem aplicadas na tela. O artista usa cores puras, que se fundirão apenas na retina do observador.

- Principais artistas: Cézanne, Degas, Manet, Monet e Renoir (O Museu de Arte Assis Chateaubriand de São Paulo – MASP possui um bom acervo de obras impressionistas com quadros de alguns dos mais importantes representantes do movimento).

Três pintores com trajetórias próximas, mas à margem do grupo impressionista, seriam responsáveis pela transição para a chamada arte moderna: Paul Cézanne, Paul Gauguin e, especialmente, Vincent Van Gogh. A densidade na aplicação de tinta e de cores complementares lado a lado, aliadas à força do gesto, são características da obra de Van Gogh, que conviveu com os impressionistas em Paris mas trocou a capital pelo sul da França. Lá, descobriu na supremacia da cor sobre o desenho e na gestualidade uma linguagem própria, que caracterizaria sua obra tão singular. A luz sobre os girassóis, o contorcionismo dos ciprestes, os empastos azuis e amarelos, tudo concorre para uma leitura muito particular da natureza, das pessoas e dos objetos.

Paris, na chamada *Belle Époque* – período que inaugurou a modernidade, com a afirmação da ciência e do luxo, e que, cronologicamente, começa por volta de 1880 e prolonga-se até a eclosão da Primeira Guerra Mundial, em 1914 –, palpitava e atraía artistas, de várias tendências, em busca de reconhecimento. O *Art Nouveau* – estilo caracterizado por formas alongadas e sinuosas, delicadas e cheias de requinte – possui afinidade com a cidade, mas não é exclusividade dela. Viena também aderiu ao modismo das curvas e revelou maturidade óptica na pintura de Gustav Klimt, cuja obra mais conhecida é *O beijo*.

A soltura do traço, o desprezo pela perspectiva formal e a generosidade cromática foram princípios apreendidos pelas vanguardas artísticas a partir de então. *O grito*, um dos quadros mais famosos do mundo, do norueguês Edward Munch, expressou a angústia moderna. Por sua vez, os grupos expressionistas alemães *Die Brücke* e *Der Blaue Reuter* quiseram anunciar, em alto e bom som, um mundo prestes a explodir em guerra. Do mesmo modo, muitos russos com ideias novas, como Larionov e Malevich, saíram do seu país e juntaram-se ao experimentalismo europeu da abstração, sem interesse por rótulos, mas sim pela obra em si.

Para apreciar os expressionistas

- Perceba que os expressionistas abusam das cores vibrantes, em grandes quantidades de tinta, para expressar sentimentos dramáticos.
- Note que as pinceladas são fortes e dinâmicas, por vezes até violentas, o que provoca uma atmosfera trágica e explosiva.
- Repare como as figuras parecem deformadas, o que acentua o domínio dos valores emocionais sobre os intelectuais.
- Principais artistas: Cézanne, Gauguin, Munch, Toulouse-Lautrec, Van Gogh.

O século dos "ismos"

O século XX será a era da profusão dos "ismos": Dadaísmo, Surrealismo, Cubismo, Fovismo, Futurismo e Abstracionismo, entre outros. Há, igualmente, uma imensa galeria de artistas que revolucionaram e inscreveram seus nomes na história da arte universal. Um dos gênios do século é, sem dúvida, um pintor espanhol que fez de Paris sua nova pátria: Pablo Picasso. Pesquisando a arte primitiva, Picasso encantou-se com sua simplicidade, ao mesmo tempo em que se deparava com o universo das formas exaltado por Cézanne, artista que procurava converter as formas da natureza em figuras geométricas como cones, cilindros e esferas.

Picasso apreciava ainda o modo egípcio de representar a figura humana, com imagens mostradas, simultaneamente, em perfil e de frente. E assim, numa lição inaugurada pelo Cubismo, procurou apresentar os mesmos objetos em suas três dimensões – altura, espessura e profundidade – numa única superfície plana, como se eles pudessem ser vistos, ao mesmo tempo, por todos os ângulos. Com isso, revolucionou o modo de olhar e, por extensão, a pintura contemporânea. Nesse aspecto, uma de suas obras mais famosas e bem-sucedidas é *Les demoiselles d'Avignon* (*As senhoritas de Avignon*).

Por sua vez, o russo Wassily Kandinsky tomou emprestado da música os novos métodos de representação da realidade, caminho semelhante ao que fez o suíço Paul Klee, seu colega na Bauhaus, escola de arquitetura e *design* criada na Alemanha, em 1919, que buscava uma integração entre arte e produção industrial. Kandinsky fez de sua arte não figurativa, semelhante a rabiscos infantis na folha de papel, uma busca à origem primeira da própria estética. Klee busca a imagem pura, que não possui um significado em si, mas que ao mesmo tempo pode ser interpretada de mil maneiras, conforme o espectador.

O holandês Piet Mondrian levou ao extremo essa busca pela "desnaturalização" da arte, ou seja, a simplificação das formas, linhas e cores, para conseguir o que considerava ser "a expressão de equilíbrio do universo". Mondrian encontrou a harmonia aplicando a "proporção áurea" em uma série de quadrados e retângulos pintados com as cores primárias – vermelho, azul e amarelo –, com o preto e o branco. Um histórico interessante do raciocínio "neoplasticista" de Mondrian aparece na série de representações de árvores que, aos poucos, elimina cores e traços supérfluos, restando ao fim apenas a "alma" do objeto. O mesmo processo acontece nas litogravuras de Picasso, quando, ao simplificar as imagens do touro, conseguiu a representação ideal do animal com traços mínimos e essenciais.

Proporção áurea. Princípio matemático elaborado por Euclides de Alexandria no século III a.C., muito utilizado em obras de arte. Dois números estão em proporção áurea se a razão entre o menor deles sobre o maior for igual ao maior mais à razão do maior sobre o menor (x/y = y + y/x). O coeficiente áureo, representado pelo número 1,618, estaria presente em tudo o que se encontra na natureza, desde o corpo humano até uma colmeia de abelhas, de uma concha a uma estrela-do-mar. Buscada pelos artistas de diversos períodos, a proporção áurea está presente em desenhos e pinturas de Leonardo da Vinci (*São Jerônimo*), em Mondrian (*Place de la Concorde*), em Seurat (*La Parade*) e em edifícios como o Partenon, na acrópole de Atenas.

O avanço da pesquisa sobre materiais e a própria técnica empregada na produção de um quadro culminaram em composições mistas. Colagens de fotos, recortes de jornais, relevos, desenhos e pinturas acopladas foram ocasionalmente usados por Picasso, Georges Braque e Henri Matisse. A mistura de tinta com areia e outros materiais inusitados também foram alvo de experimentações. Cortes, perfurações, costuras, bordados e também amarrações foram, aos poucos, incorporando-se à pintura do século xx.

O Dadaísmo, um movimento antiarte, resultou num clamor contra o absurdo, a futilidade da guerra e a fragilidade das relações entre povos e nações. Os integrantes do movimento, desafiando o convencional, cultivaram a multidisciplinaridade apoiados na palavra "dá-dá", de múltiplos significados, um dos quais "cavalinho de pau" em francês. Sua importância revela-se como o motor que acionou uma arte pronta para eclodir: irracional, onírica e suprarreal. Um dos expoentes do dadaísmo foi Marcel Duchamp, que criou os *ready-mades*, objetos comuns expostos como se fossem obras de arte, a exemplo de um prosaico urinol de louça batizado por ele de *Fonte*.

O Surrealismo vem na esteira das teorias psicanalíticas de Sigmund Freud, que mostrou que o pensamento racional é impotente para dar conta de toda a complexidade humana. Assim, os artistas surrealistas abandonam o mundo real e se entregam a um universo irracional e fantástico, no qual a razão dá lugar ao inconsciente, à imaginação e ao sonho. O espanhol Salvador Dalí é o nome mais conhecido do grupo, não só pela qualidade de sua pintura e pela criatividade das imagens construídas, mas também pela sua excentricidade e familiaridade com a mídia e os *marchands*. O espanhol Juan Miró costuma ser associado ao movimento, mas, na verdade, sua produção artística é atemporal, rica de soluções pessoais.

Um contraponto ao excesso de figurativismo do grupo surreal, representando um despojamento próximo à expressão "menos é mais", surge o Purismo, que se fez presente com Ozenfant e Le Corbusier, enquanto

Giorgio Morandi e Alberto Giacometti convenceram os críticos pela essência de suas obras: um trabalhou a natureza-morta, obsessivamente, o outro escolheu a vida para celebrar. Ambos, de forma instigante. Uma sequência de ondas menores agregaram-se ao panorama artístico internacional, como a *Op-Art*, *Arte Povera* e a *Body Art*.

A arte impressionista produzida na Europa migrou para os acervos de colecionadores e museus americanos nas primeiras décadas de 1900. Pouco tempo depois, assistiu-se a outra evasão, a de profissionais da arte durante a Segunda Guerra Mundial. Isso ajudou a elevar Nova York ao patamar de centro cultural e artístico do mundo, título antes pertencente a Paris. A partir daí, várias influências marcaram, de modo definitivo, a arte americana e, por extensão, a arte internacional. Surgiu uma pintura representativa desse período, coerente com o estilo de vida americano, no qual o que conta é a atitude, a determinação. Irreverente com relação aos modelos consagrados, ela passa a ser rotulada de "pintura de ação". Seu representante maior foi Jackson Pollock, que deixava que as tintas escorressem livremente pela tela, borrifando-a com gestos bruscos e impetuosos.

A *Pop Art*, herdeira de toda uma discussão histórica sobre os rumos e o campo reservado à arte, aflorou na Inglaterra, teve repercussão nos Estados Unidos e, daí, conquistou o mundo. Arte popular, momentânea, barata, consumível, espirituosa, são adjetivos que definem o estilo, que buscou aproximações críticas e afinidades com a sociedade de consumo, a publicidade e a propaganda. Andy Warhol, seu mais ativo representante, começou a carreira pintando, em tinta acrílica sobre tela, a embalagem da sopa mais consumida pelos americanos.

Hoje a arte tende, mais e mais, para o minimalismo. As diferentes formas do fazer artístico convivem nos mesmos espaços. Esse é um processo histórico que não se interrompe. As novas tecnologias abrem caminhos para uma conciliação entre elas e a arte. Nada podemos antecipar sobre o que virá depois disso. Evidencia-se, contudo, uma tendência da pintura em livrar-se do suporte, ou seja, da tela, para tornar a arte cada vez mais "desmaterializada". Nossa forma de olhar deve acompanhar esse processo. A arte, com certeza, prosseguirá nos surpreendendo. É assim desde o começo do mundo. E assim continuará sendo.

Teatro

Alberto Guzik

"Vá ao teatro, mas não me convide". Essa frase, que circula em camisetas por aí, nunca deve ser dita por um cidadão inteligente. Tal declaração de "teatrofobia" faz interlocutores cultos e elegantes erguerem sobrancelhas de susto.

Afinal, o teatro é uma das mais antigas e veneráveis artes criadas pelo homem. Um processo contínuo, em curso no Ocidente desde que, há mais de dois milênios e meio, um sacerdote modificou o texto que deveria cantar no ditirambo, ritual realizado em homenagem a Dioniso, deus grego do vinho. Em vez de dizer "Venham adorar a *ele*, Dioniso, o deus poderoso", o sacerdote deve ter exclamado: "Venham venerar a *mim*, Dioniso".

O homem não estava louco. Era adulto, religioso, líder de coro. E fez, a sério, o que crianças fazem, desde tempos imemoriais, quando brincam: fingiu ser um outro que não ele. Propôs um "jogo", conceito tão inerente ao trabalho do ator que, em inglês, alemão e francês, respectivamente, os verbos *to play*, *spiell* e *jouer* – que significam "brincar" – são usados exatamente no sentido em que empregamos "representar" ou "atuar", para designar o ator no seu ofício.

Aquele sacerdote de Dioniso, cujo nome a história guarda como Téspis, estava inventando, naquele momento, a um só tempo, o ator, a personagem e a narrativa teatral. Não era pouca coisa. Desde o início, no século VI a.C., em Atenas, o teatro foi reconhecido como formidável instrumento de conhecimento. Hoje, após 2.500 anos, ainda é uma forma poderosa e requintada de análise do homem, da cultura e da sociedade. Assim, só um espírito estreito pode se vangloriar por não gostar de teatro. A familiaridade com essa arte serve inclusive para medir o grau de refinamento de um cidadão. E, é bom avisar, não basta ver musicais nas Broadways da vida. É preciso ir além.

Quem impressionará mais em uma conversa sobre música: aquele que só fala de *trance* e *techno* ou o sujeito que discorre com facilidade sobre o canto coral grego, as antífonas medievais, os edifícios harmônicos de Bach, os dodecafônicos, o *pop*? Não pega bem saber distinguir Mozart, clássico, de Schumann, romântico? Com teatro ocorre exatamente o mesmo. Além da Broadway e de seus vistosos musicais, que por vezes beiram ou mesmo mergulham no brega, há universos imensos de riquezas teatrais a serem descobertas.

"Não ir ao teatro é como fazer a *toilette* sem espelho."

Arthur Schopenhauer

Na Grécia, o início de tudo

O começo está em Atenas. Mas, para sermos mais precisos, é bom lembrar que o teatro não nasceu na Grécia. Milhares de anos antes da tragédia helênica, já havia narrativas teatrais em danças rituais indianas, chinesas, egípcias...

O teatro ocidental é que surgiu na Atenas do século VI a.C. Algumas dezenas de anos foram necessárias para que os festivais de tragédia e de comédia ganhassem a forma elaborada de que se revestiram em seus momentos de glória, ao longo do século V a.C. O apogeu do teatro grego pode ser determinado, mais exatamente, entre o fim das guerras médicas (479 a.C.) e a derrota ateniense para Esparta (404 a.C.).

Integrando as festas dionisíacas, os festivais trágicos eram apresentados uma vez por ano, em teatros imensos, ao ar livre, construídos nas encostas de colinas, onde havia arquibancadas de pedra para o público. O palco ficava no plano mais baixo dos morros. No teatro de Epidauro, próximo de Atenas, sentavam-se 14 mil espectadores. Entre os homens mais ricos da cidade, era sorteado o patrocinador da festa. Os espetáculos duravam três dias, da manhã à noite. Três dramaturgos se apresentavam a cada dia, cada qual com quatro peças: três tragédias e uma espécie de comédia, o "drama satírico".

Os próprios autores dirigiam suas obras e um deles era eleito o vencedor do ano. Apesar de ter havido centenas de escritores de tragédias durante o século v a.C., só nos chegaram exemplares da obra de três deles: Ésquilo, Sófocles e Eurípides. Seus textos permanecem vivos até hoje por uma razão muito simples: eram os melhores de seu tempo.

Feitas de linho, cortiça ou madeira, usadas tradicionalmente nos rituais sagrados, as máscaras foram absorvidas pelo teatro grego e eram consideradas essenciais para reforçar a solenidade das tragédias e o grotesco nas comédias.

Ésquilo desenhou em suas peças retratos monumentais de figuras míticas, como o titã Prometeu, protagonista de *Prometeu acorrentado*. Ou o rei Agamêmnon, general dos gregos na guerra de Troia, assassinado pela mulher, Clitemnestra, e seu amante, Egisto, que por sua vez seriam mortos por Orestes, filho do casal real. Todos são personagens da trilogia *Oresteia*. Ésquilo, 12 vezes vencedor do festival, era o mais respeitado dos trágicos gregos.

Mas foi Sófocles o mais premiado (18 vezes) e mais aplaudido dos três. Seu *Édipo rei* é um mergulho profundo na alma do homem. A força da peça é tal que Sigmund Freud escolheu o nome do herói para designar um dos mais famosos complexos por ele identificados na psique humana. A grandiosidade do poeta manifesta-se ainda em *Édipo em Colono*, *Antígona*, *Ájax* e *Electra*, obras em que a construção de intricados desenhos psicológicos é apoiada por uma poesia intensa e bem elaborada.

À época, o menos querido dos grandes dramaturgos entre os gregos, Eurípides, foi, a despeito disso, o mais admirado pelo público e pelos leitores dos séculos seguintes. Seu insucesso com os contemporâneos talvez se deva ao fato de ele ser um severo crítico da política guerreira da Atenas de seu tempo. Eurípides criou figuras femininas fantásticas em *Medeia* e na sua *Electra*. Notável psicólogo, elaborou em *As troianas* e em *As fenícias* retratos amplos e formidáveis da sociedade. *As bacantes*, *Ifigênia em Aulis* e *Ifigênia em Tauris* são outras de suas obras excepcionais.

A comédia surgiu também na Grécia, e o mais famoso dos autores que se dedicaram ao gênero foi Aristófanes. Conservador e polêmico, em *As nuvens* e *As rãs* atacou violentamente Sócrates e Eurípides. Criticou igualmente políticos corruptos e generais ineptos, protagonistas de *Os cavaleiros* e *Lisístrata*. Em *Os pássaros*, imaginou uma cidade ideal construída no céu. Seu teatro robusto, repleto de imagens sexuais e de palavrões, não teve seguidores. A "comédia antiga" morreu com Aristófanes. Mas a força, o dinamismo e o humor vigoroso do autor nunca foram esquecidos.

Para conhecer o teatro grego

Antígona e *Édipo rei* – Sófocles
As rãs e *Lisístrata* – Aristófanes
Medeia e *Electra* – Eurípides
Oresteia e *Prometeu acorrentado* – Ésquilo

Roma e Idade Média: o jogo continua

O teatro romano teve uma longa e pouco prolífica história, feita de espetáculos mais que de ideias. Na dramaturgia, três nomes se destacam: Plauto e Terêncio, na comédia; Sêneca, na tragédia. A comédia romana imitava a "comédia nova" grega, e seu principal autor, Menandro, escreveu mais de cem peças, das quais se conhece apenas *O misantropo*. Não era mais tempo de sátira política. Menandro escreveu sobre brigas de família, criados trapalhões, namoros contrariados. Plauto fez o mesmo e tornou-se o mais popular dos escritores romanos. Suas obras, entre elas *O anfitrião*, *O soldado fanfarrão*, *Os cativos* e *Menecmos ou Os gêmeos*, fizeram sucesso e tiveram imensa influência no teatro cômico dos séculos seguintes, retratando figuras grotescas cujos descendentes ainda estão por aí.

Sucessor de Plauto, Terêncio não teve tempo de compor uma obra extensa. Morreu durante uma viagem a Atenas. Mas *Ândria*, *A sogra* e, especialmente, *O punidor de si mesmo*, única comédia sua que nos chegou completa, mostram um autor inteligente, irônico, que explorou o filão de Plauto com estilo próprio. Terêncio deu aos seus textos uma dimensão elegante que ecoaria na posteridade.

O filósofo Sêneca aventurou-se pela tragédia produzindo imitações de Ésquilo (*Agamêmnon*), Sófocles (*Édipo*) e Eurípides (*Medeia*, *Hércules furioso*, *As troianas*). Tinha menos talento que os gregos, mas suas peças, com muita violência explícita em cena (ao contrário das peças gregas), tornar-se-iam referência séculos depois.

Para conhecer o teatro romano

A sogra – Terêncio
As troianas – Sêneca
O anfitrião – Plauto
O misantropo – Menandro

Após o fim da época clássica grega e romana, o teatro manteve-se vivo até o século IV, quando a Igreja Católica converteu imperadores e conquistou crescente poder. A partir daí, as artes cênicas foram proibidas, devido a sua secular associação com os rituais dionisíacos, que passaram a ser perseguidos, como ocorreu com os demais ritos pagãos. Malabaristas, equilibristas, contorcionistas, cantores e artistas do circo romano percorriam feiras, aldeias, vilas. Mas o teatro, em si, calou-se.

Até que ressurgiu, entre os séculos IX e X, curiosamente, dentro das próprias missas católicas. Timidamente, é verdade, apenas na forma de uma brevíssima troca de frases no ofício do domingo de Páscoa. Mas, em pouco tempo, estava de novo vivo e ativo. A vida de Jesus Cristo e dos santos da Igreja forneciam os temas para os espetáculos, que, do interior dos templos, passaram para a praça pública e transbordaram pelas ruas das cidades. Eram verdadeiras superproduções, por vezes com mais de mil integrantes, que duravam dias inteiros. Os espetáculos percorriam as cidades de um lado a outro, apresentando cenas montadas em palcos sobre carroças.

Embora representante tardio do teatro medieval, Gil Vicente, pai do palco português, está entre os melhores do período. Dele é obrigatório percorrer *O auto da barca do inferno*, *A farsa de Inês Pereira* e *O auto da fama*.

Farsa. As "farsas" eram pequenas peças cômicas populares, surgidas no século XIV, com poucos personagens e ação bastante simples. Os personagens eram submetidos a situações ridículas e mal-entendidos, o que arrancava o riso fácil da plateia. Curiosamente, por causa dos ardis recorrentes na trama, a palavra passou para o vocabulário cotidiano com o sentido de logro ou mentira.

Grandes saltos: Renascença, Barroco e Romantismo

O Renascimento, que se voltou para os modelos greco-latinos abandonados durante a Idade Média, surgiu na Itália durante os séculos XIII e XIV. No século XV, já havia se espalhado por toda a Europa. O teatro foi um grande instrumento nas mãos dos renascentistas. A começar pelo italiano Maquiavel, autor de uma obra-prima deliciosa, a comédia popular *A mandrágora*.

Na Espanha, o teatro teve desenvolvimento extraordinário. Dentre centenas de autores, destacam-se os gênios de Lope de Vega (*Fuenteovejuna*) e Calderón de la Barca (*A vida é sonho*). Na Inglaterra, o teatro da Renascença atingiu o auge. Em edifícios de madeira, com a área do palco no centro, a céu aberto (como na Espanha), a Inglaterra produziu uma geração de dramaturgos portentosos: Christopher Marlowe, Ben Jonson, Thomas Kidd, John Ford (1586-1639) e o maior deles, William Shakespeare.

Magnífico poeta, exímio dramaturgo, Shakespeare foi autor de abissais mergulhos na alma humana: *Hamlet*, *Macbeth*, *Rei Lear*, *Otelo* e a mais famosa das tragédias de amor, *Romeu e Julieta*. A leitura da obra shakespeariana é um favor e um prazer que qualquer pessoa pode fazer a si mesma.

A excessiva e feérica teatralidade de Shakespeare e seus pares haveria de horrorizar o século do Barroco. O teatro barroco nasceu na Alemanha, mas atingiu o ápice na França. Pierre Corneille e Jean Racine foram os dois gênios de uma tragédia que repudiou a liberdade dramática dos elisabetanos em troca de uma estrita adesão ao "bom gosto" e às regras de dramaturgia que Aristóteles expôs na *Arte poética*. Corneille (*El Cid*) e Racine (*Fedra*) construíram obras-primas dentro da camisa de força da estética da época. Desenharam peças densas, claustrofóbicas. O arrebatador Molière levou para o palco o mais puro espírito da comédia, desde a farsa física (*O ciúme do Barbouillé*) até o cômico levado ao limite do trágico (*O misantropo* e *Dom Juan*).

Para conhecer o teatro Renascentista e Classicista

A vida é sonho – Calderón de la Barca
El cid – Corneille

Fedra – Racine
Mandrágora – Maquiavel
O misantropo – Molière
Otelo, Hamlet, Macbeth, Rei Lear – Shakespeare

Na segunda metade do século XVIII começou a fermentar na Alemanha um movimento que negava a contenção e a obediência às normas do Classicismo francês. O Romantismo, gestado por Friedrich von Schiller (*Os bandoleiros*) e Johann von Goethe, rompia limites estéticos e políticos. Libertários apaixonados, os românticos apoiaram revoluções populares e puseram-se ao lado dos menos favorecidos. O movimento eclodiu na França, na primeira metade do século XIX. Victor Hugo foi talvez o maior dos seus integrantes e a estreia de *Ruy Blas* escandalizou Paris. Mas o Romantismo francês teve outras estrelas teatrais, entre elas Alfred de Musset, que escrevia não para ser encenado, mas para ser lido. Seu *Lorenzaccio*, relato de um tiranicídio escrito com ambições shakespearianas, chegou ao palco apenas em meados do século XX.

Para conhecer o teatro romântico

Os bandoleiros – Schiller
Ruy Blas – Victor Hugo
Lorenzaccio – Alfred de Musset

Realismo, Naturalismo, Expressionismo e Brecht

O teatro ao ar livre da Grécia, das ruas da Idade Média e das casas de espetáculos renascentistas foi levado para salas fechadas já durante a Renascença italiana. O modelo foi copiado pelos franceses do Barroco e difundiu-se mundialmente. Tinha, no mínimo, a vantagem de não depender da meteorologia.

O teatro fechado foi iluminado inicialmente com a luz de velas. A iluminação a gás, na segunda metade do século XIX, provocou uma revolução na estética teatral ao permitir efeitos que seriam superados apenas pela luz elétrica, no fim daquele século. As conquistas técnicas foram essenciais para a eclosão dos movimentos que abalariam os palcos do mundo inteiro naquela época.

O Realismo levou para o palco questões que causaram polêmicas acaloradas. A peça inaugural do realismo francês é *A dama das camélias* (1850), de Alexandre Dumas Filho, que ousou pôr como heroína uma cortesã, prostituta de luxo. O modelo realista fincou raízes longas, que logo se espalharam. Um de seus luminares foi o norueguês Henrik Ibsen, que em 1879 escreveu *Casa de bonecas*. Ibsen teve a coragem de mostrar uma mulher capaz de deixar a casa do marido depois de ter perdido o respeito por ele. Escandalizou a Europa. O Realismo teatral, após se disseminar por todo o mundo, lançou ramos no Brasil, onde foi adotado por José de Alencar e Joaquim Manoel de Macedo.

O Naturalismo, concebido pelo francês Émile Zola, levou o teatro para uma via mais radical, tratando de temas sociais, como a luta de classes. A arte deveria se comportar como uma ciência para explicar a vida em sociedade. O exemplar mais famoso do teatro naturalista talvez seja *Senhorita Júlia*, do torturado sueco August Strindberg. Escrita em 1888, a peça trata do embate letal entre uma jovem condessa e o mordomo da casa. Strindberg fez história. Mas não se limitou ao naturalismo. Na juventude, havia escrito obras próximas do Romantismo. Na maturidade, antecipou o Expressionismo com peças como *O caminho para Damasco* e *O sonho*.

 Para conhecer o teatro Realista e Naturalista

A dama das camélias – Alexandre Dumas Filho
Casa de bonecas – Ibsen
Senhorita Júlia – Strindberg

Na virada do século XIX para o século XX, o teatro viveu aventuras experimentais empolgantes. Foi alvo dos simbolistas, dos dadaístas, dos surrealistas. Na antiga Rússia, o Futurismo e as vanguardas instigadas (e logo depois caladas) pela revolução soviética tiveram, durante aquele período, que se estendeu até meados dos anos 1930, uma época dourada, à qual pertencem o grande mestre da arte do ator, Constantin Stanislávski, e o mais radical dos encenadores experimentais, Vsévolod Meyerhold.

O expressionismo nasceu na Alemanha na década de 1920, logo depois da Primeira Guerra Mundial. Distorção de ângulos e de corpos são uma constante dessa escola, que teve também forte presença no cinema. A condenação da sociedade corrupta, a dor, a angústia e a miséria humana estão em primeiro plano nas obras de Georg Kaiser e Ernst Toller, dois dos mais importantes dramaturgos do movimento.

Bertolt Brecht (1898-1956) saiu das fileiras expressionistas para dar forma a um teatro de reflexão política que viria a ser uma das mais influentes vertentes da produção teatral na segunda metade do século XX. *Galileu Galilei*, *A alma boa de Se Tsuan* e *A resistível ascensão de Arturo Ui* estão entre seus textos mais importantes. Brecht, dramaturgo de prestígio, foi um dos mais censurados escritores de sua época. Exilado durante cerca de duas décadas por causa do nazismo, depois que retornou a Berlim, nos últimos anos de vida, criou o seu próprio teatro, o Berliner Ensemble. Ali buscou e aplicou formas práticas, concretas, de fazer do teatro um instrumento de reflexão para a plateia, que deveria deixar a sala modificada pelo que vira.

Shaw e O'Neill: gigantes

Brecht não criou o teatro como arma política. O irlandês Bernard Shaw antecedeu-o nessa experiência. Instalado em Londres, partiu do Realismo de Ibsen para tornar-se depois metafórico e irônico, questionando desde os fundamentos da língua e do alfabeto ingleses até as estruturas da sociedade, o terrorismo, a corrida armamentista. E o fez em comédias irresistíveis, como *O soldado de chocolate*, *Cândida*, *Major Bárbara* e *Pigmalião*.

O legado de Shaw não deixou seguidores diretos, mas sua atitude irreverente e agressiva abriu caminho para uma geração de diretores e dramaturgos que fariam de Londres uma das grandes sementeiras da arte teatral no século XX. Entre eles, despontam os nomes de Peter Brook, Harold Pinter, Joe Orton e Sarah Kane.

> "Sempre que um homem faz algo do que se envergonha, ele diz que estava apenas cumprindo o seu dever."
>
> Bernard Shaw

O americano Eugene O'Neill foi outro gigante de seu tempo. Com extraordinária energia, construiu uma obra poderosa, transitando do Expressionismo de *O macaco peludo* e *Imperador Jones* até a tragicidade helênica de *O luto vai bem para Electra* e *Longa jornada noite adentro*. Suas pegadas foram seguidas por dramaturgos de indiscutível gênio, caso de Tennessee Williams, Arthur Miller, Edward Albee e Sam Sheppard.

O teatro do absurdo

No começo dos anos 1950, eclodiu na França uma nova tendência, intitulada com bastante imprecisão de "teatro do absurdo", agrupando autores franceses e estrangeiros que escreviam em francês. Essa tendência levava para o palco o sentimento de perplexidade e perda que se apossara do homem contemporâneo após a Segunda Guerra Mundial. Boris Vian foi um dos nomes importantes dessa escola, que projetou também em todo o mundo as obras do irlandês Samuel Beckett e do romeno Eugène Ionesco. Beckett escreveu um dos grandes clássicos da desesperança surgidos no século xx, *Esperando Godot*. E Ionesco, em peças como *A cantora careca*, *A lição* e *O rei morre*, criou obras de espantosa agressividade e estranho humor.

Em uma linha paralela à do "absurdo" surgiram nomes na França como Bernard-Marie Koltés, que desenhou quadros desiludidos dotados de uma poesia áspera, dissonante. *Na solidão dos campos de algodão* e *Roberto Zucco* estão entre suas criações mais contundentes. Na Alemanha, Heiner Müller, considerado sucessor de Brecht, produziu uma linguagem muito própria. Fez notáveis modernizações de obras clássicas em *Hamletmáquina*, *MedeiaMaterial* e *Horácios*.

A Pós-modernidade, a radicalidade nos discursos visuais, com cenografias e iluminações arrojadas, marcam o teatro contemporâneo na Europa e nos Estados Unidos. A superposição do teatro com dança, música, artes plásticas, cibernética, vídeo e cinema cria territórios que ainda estão sendo mapeados e que oferecem infinitos desdobramentos.

Para conhecer o teatro do século xx

A cantora careca – Ionesco
Esperando Godot – Beckett
Galileu Galilei – Brecht
Longa jornada noite adentro – O'Neill
MedeiaMaterial – Müller
Pigmalião – Shaw

No Brasil

O teatro brasileiro, depois de uma existência episódica e pouco significativa no tempo da colônia, profissionalizou-se com João Caetano (1808-1863) há cerca de dois séculos e demonstrou nesse período existência combativa e expressiva. Tivemos e temos uma linhagem de bons atores, diretores, produtores e dramaturgos. Houve e há também a cota de artistas pouco mais do que medianos, como acontece em qualquer parte. Mas, dadas as condições adversas em que o teatro viceja por aqui, é impressionante a quantidade de belos trabalhos, a solidez de projetos e a dimensão dos talentos que se revelam a cada temporada.

Durante todo o século xix e metade do século xx, o teatro brasileiro resumiu-se ao Rio de Janeiro, onde vingaram os talentos do fundador da comédia brasileira, Luís Carlos Martins Pena, do multitalentoso Artur Azevedo e de dezenas de atores e atrizes que formaram uma vigorosa tradição de artistas/empresários: de Leopoldo Fróes a Dulcina de Moraes, de Procópio Ferreira a Cacilda Becker e Sérgio Cardoso. Esses intérpretes deixaram um exemplo e, mais que isso, uma sólida tradição. Implantaram uma forma brasileira de atuar seguida até hoje pelas novas gerações, com as devidas alterações impostas pelos novos tempos.

No campo da dramaturgia, o Brasil produziu um grande número de autores expressivos no século xx. Entre os maiores nomes estão Ariano Suassuna, que misturou a Idade Média com tradições populares nordestinas em peças como *O auto da Compadecida*, e Jorge Andrade, que registrou como nenhum outro a história do Brasil em *A moratória*, *Pedreira das almas*, *Os ossos do barão*, *Vereda da salvação*, todas plenas de vibração, comédia, tragédia e humanidade.

Mas o maior de todos os autores cênicos brasileiros, até o presente, é, no consenso do público, dos artistas e da crítica, Nelson Rodrigues, pernambucano nascido e criado no Rio de Janeiro, que escreveu 17 peças, quase todas magníficas, voltadas a decifrar enigmas humanos que nos assombram a milênios. Obsessão, desejo, paixão, ódio, hipocrisia são os traços do cotidiano das personagens de *Vestido de noiva*, *Álbum de família*, *Senhora dos afogados*, *A falecida*, *Toda nudez será castigada* e *Bonitinha mas ordinária*. Mestre de grandeza indiscutível, Rodrigues marcou o advento da modernidade nos palcos brasileiros e, assim como Eugène O'Neill, lançou sobre suas obras um sopro trágico que nunca havia sido atingido antes por aqui.

> "A grande vaia é mil vezes mais forte, mais poderosa, mais nobre do que a grande apoteose. Os admiradores corrompem."
>
> Nelson Rodrigues

O teatro no Brasil hoje está disseminado por todo o território nacional, não se limita mais ao chamado "eixo" Rio – São Paulo. É um teatro forte, com grupos sólidos, bem organizados, produtores hábeis e competentes, atores formados por escolas que já têm décadas de experiência, como a Escola de Arte Dramática da USP, de São Paulo, o Tablado e o Centro de Artes de Laranjeiras, no Rio de Janeiro. Enfrenta enormes dificuldades, mas está vivo, ativo, dinâmico. Tem suportado com dignidade a concorrência do cinema, da TV e de novas tecnologias, como o DVD.

Vá ao teatro

Patrimônio da humanidade, o teatro é uma herança milenar que nos faz saber mais de nós mesmos. Peças como *Hamlet*, *Édipo*, *Prometeu*, *Dom Juan* e *Vestido de noiva* fazem parte da educação obrigatória de um indivíduo minimamente civilizado. Ficamos melhores, mais informados, mais humanos, depois de vê-las. Crescemos com elas. E, nelas, aprendemos toda a beleza e toda a miséria da aventura humana.

No Brasil e no mundo, o palco oferece um ingrediente que o torna especial e único: a presença física do ator à frente do público, a interação visceral que resulta desse encontro. Um encontro que vai perdurar ainda por muito tempo, apesar das camisetas teatrofóbicas que circulam por aí. Uma coisa é certa: todo indivíduo que se deseja elegante e culto não pode se furtar ao dever – e principalmente ao prazer – do velho e bom teatro.

Pois então, vá ao teatro. E convide seus amigos.

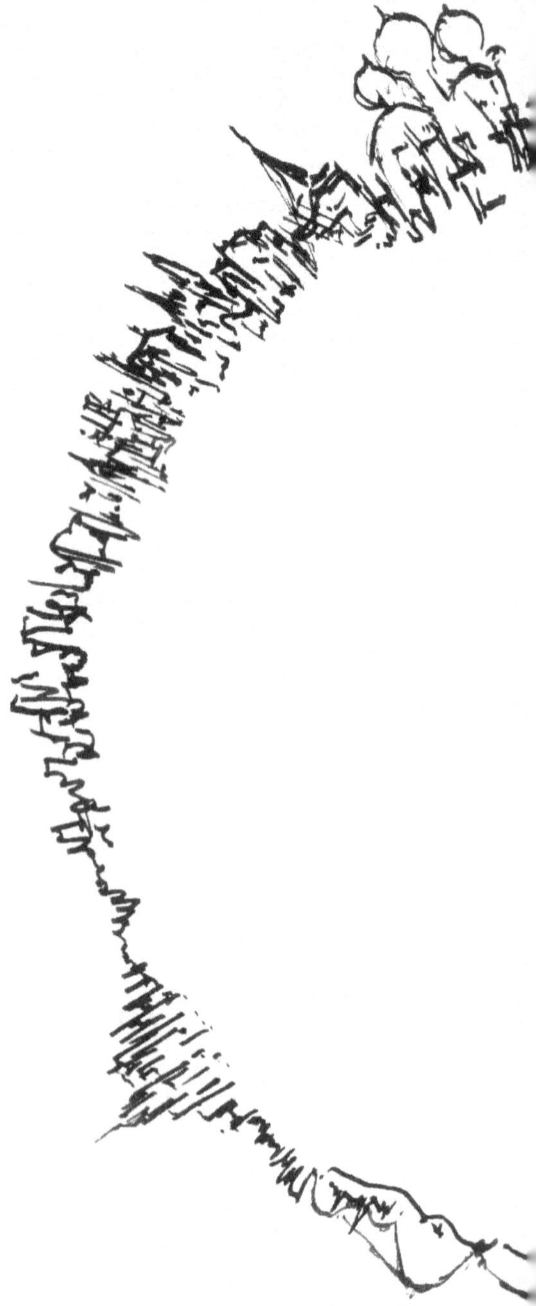

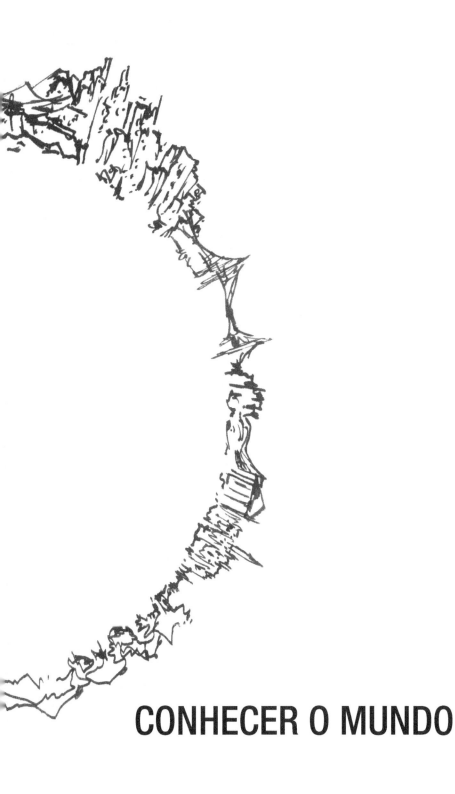

CONHECER O MUNDO

Grandes destinos
que você precisa visitar

Dad Squarisi*

Os diplomatas as disputam a tapa. Nem sempre com luvas. Muito menos de pelica. Conquistar uma embaixada em Nova York, Paris, Londres ou Roma é prova de prestígio. Ali está o berço da cultura ocidental. Ali as coisas acontecem. Tropeça-se em celebridades. Come-se nos restaurantes do *jet set* internacional. Frequentam-se os melhores museus. Assiste-se aos mais badalados musicais. Ouvem-se as divas da ópera. Veem-se ao vivo e em cores as obras-primas que ilustram os livros de arte. Andar pelas ruas é uma festa. Entrar num café ou confeitaria, outra. Sentar-se num banco de praça, mais uma. O mundo, vasto mundo, oferece mil roteiros. Mas só um essencial. É o chamado "circuito Elizabeth Arden". Ele deve o nome à embalagem dos famosos cosméticos. Nela vinha grafado: Nova York, Paris, Londres, Roma.

"Foges em companhia de ti próprio: é de alma que precisas de mudar, não de clima."

Sêneca

Roma, dos Césares à *dolce vita*

O melhor de Roma é perder-se em Roma. Todas as direções conduzem a museus ao ar livre. Aqui, exibem acervos da época de Remo e Rômulo. Ali, expõem a grandeza imperial dos Césares. Adiante, mostram a

* Com a colaboração especial de Neide Pimenta.

exuberância luxuriante dos papas. Uns passos pra lá ou pra cá levam ao mundo delirante da *dolce vita* de Fellini. São fontes, monumentos, palácios, igrejas e praças que não deixam o turista fechar a boca. Sucessivos *ohs!* lhe escapam da garganta sem pedir licença.

Espetáculo à parte são os italianos. Eles estão por todos os lados. Falam alto, gesticulam muito, fazem gestos teatrais. Relógio não existe para eles. Se vão para uma reunião e no caminho encontram alguém – amigo ou paquera (real ou potencial) –, cessa tudo que a musa antiga canta. Deixam o compromisso pra lá, pegam o encontrado com intimidade pelo braço, levam-no para um expresso (o melhor do mundo). Depois, seja o que Deus quiser.

No trânsito, são um perigo. Ao volante, cantam e conversam com animação. Desrespeitam sinais e tudo que está fora do carro. As lambretas são donas de estradas e ruelas estreitas. Ao vê-las, a criatura sensata só tem um pensamento – fugir. Dizem que o maior medo do turista é acabar sob uma das duas rodas. Há maior humilhação que morrer atropelado por uma lambreta?

Talvez ser apanhado sem passagem no ônibus. Lá não há cobrador. Compram-se passes em bares ou bancas de jornais. De vez em quando, o fiscal dá incertas. Se um espertinho cair em sua malha, é um deus nos acuda. O espalhafato joga no chão a moral do maior cara de pau. Tudo leva a crer que será condenado a prisão perpétua. Mas, ao chegar ao destino, ele desce e segue o caminho. Pronto pra outra.

Cinco praças de Roma

- Campo dei Fiori: Foi onde Giordano Bruno foi queimado pela Igreja, sob acusação de heresia. Uma estátua dele pode ser vista bem no meio da praça.
- Piazza del Campidoglio: Desenhada por Michelangelo, com três palácios ao seu redor – Palazzo dei Conservatori, Palazzo Nuovo e o Palazzo Senatorio.
- Piazza del Popolo: No centro está o Obelisco Flaminio, construído entre 1323-1200 a.C. no Egito, trazido a Roma por ordem de Augusto.
- Piazza di Spagna: É onde fica a Scalinata di Trinitá dei Monti, famosa escadaria que é um dos pontos de encontro obrigatórios na cidade.
- Piazza Venezia: É onde se encontram as principais ruas da cidade. Foi construída para comemorar a unificação italiana.

Todos os caminhos levam a Roma. Em Roma, todos os caminhos levam à Piazza Venezia. A praça abre-se em muitos raios. Cada raio, uma direção. Cada direção, um brinde de infinitas opções. Logo ali está o centro antigo. O Coliseu merece o nome. É o colosso. Impressiona pelo tamanho e pelas lembranças que evoca. Construído no ano 72 com capacidade para abrigar 55 mil pessoas, foi palco de lutas entre gladiadores e animais selvagens.

Vizinho, ergue-se o Fórum Romano. É um conjunto de ruínas de templos, arcos e basílicas. Percorrer-lhe as vias emaranhadas dá a imagem do velho coração da cidade, de onde irradiavam todas as vias. Pertinho, está o Palatino. É uma das sete colinas de Roma que tem um significado muito especial. Ali Remo e Rômulo foram salvos pela loba. Foi lá que tudo começou. Antigas casas oferecem-se à visitação. Uma delas, a de Lívia, serviu de morada ao imperador Augusto.

Adiante, na praça Rotonda, ergue-se o Panteon. Erguido em 27 a.C., uma das maravilhas arquitetônicas do mundo. A verdadeira dimensão do lar de todos os deuses está no interior. Atravessado o pórtico com frontão triangular, entra-se numa imensa estrutura cilíndrica. Enorme domo hemisférico espanta por sua harmonia e perfeição. No topo, o óculo – a abertura circular que permite a entrada da luz, mas impede a entrada da chuva. Lá estão enterrados reis e personalidades. Entre elas, o pintor renascentista Rafael.

O Panteon, erguido originalmente em 27 a.C. e reconstruído, após um incêndio, em 125 d.C., é o mais velho edifício do mundo que ainda se encontra em perfeito estado de conservação.

Umas quadras adiante exibe-se a Piazza Navona. E põe exibição nisso. A praça não tem rival. Nenhuma outra – em Roma ou talvez no mundo – se aproxima do seu esplendor. Palácios e luxuosos cafés servem de camarote para o palco da vida social romana. Nas 24 horas do dia, há algo acontecendo ao redor das três fontes barrocas que enfeitam o calçadão mais disputado da cidade. Uma delas é a Fontana dei Fiumi, a obra mais esplendorosa de Bernini. Figuras sentam-se em rochas abaixo do obelisco que representa os quatro grandes rios do mundo – o Nilo, o Prata, o Ganges e o Danúbio. Em frente, está o Palazzo Pamphili. A joia barroca abriga hoje a Embaixada do Brasil.

As obras de Bernini – contratado por Alexandre VII (nos anos 1600) para ajudá-lo a tornar Roma um grande teatro de pedra onde grandes europeus se reuniriam para expor e admirar a própria grandiosidade – espalham-se pela capital italiana. Entre bulevares, fontes, portais e esculturas, destaca-se a maravilha vaticana. É dele a curva fileira de colunas que abraçam a Praça de São Pedro. Ali está a basílica do mesmo nome. Ao entrar, a *Pietá* de Michelangelo abençoa fiéis e curiosos. A alguns passos, a Capela Sistina abriga as mais belas visões do Vaticano. A *Gênese* e o *Juízo Final*, também de Michelangelo, estão lá.

Numa igreja sem tanta pompa e circunstância, sobressai o monumental *Moisés*. Dizem que, ao concluí-lo, Michelangelo pensou ter rivalizado com Deus. Para testar se criara um ser humano, pegou o martelo, bateu na perna de mármore e ordenou ao homem sentado à sua frente:

– Fala!

Moisés não falou. Mas conserva a marca da pancada. A maravilha pode ser reverenciada na igreja San Petro in Vincoli. Em bom português, "São Pedro nas correntes". O nome lembra fato histórico. Ali estão as correntes com as quais o hoje porteiro do céu ficou preso no Cárcere Mamertino.

A Fontana di Trevi está logo adiante. Visita obrigatória, conquistou o coração dos românticos. É a maior e a mais famosa fonte de Roma. No centro do magnífico conjunto barroco está Netuno com dois tritões. Um tenta subjugar um cavalo-marinho rebelde. O outro conduz um animal mais tranquilo – alusão às diferentes condições do mar. Depois de admirar o monumento, o turista tem uma obrigação. Jogar, de costas, uma moeda na água. Ao mesmo tempo, fazer um pedido que, com certeza, só pode ser um – voltar a Roma.

 As catacumbas usadas como sepulturas pelos cristãos entre os séculos I e IV podem ser visitadas até hoje em Roma. As principais são a Catacombe di San Callisto, a Cripta de Santa Cecília e a Catacombe di San Sebastiano.

Paris, a embriaguez de vida

Quando se pensa em Paris, as imagens são menos intensas que as emoções. Os sentimentos lembram o convite de Baudelaire: "É preciso que se embriaguem sem descanso. Com quê? Com vinho, poesia ou virtude, a escolher. Mas embriaguem-se". Paris é convite para se embriagar de vida, apelo a todos os sentidos e sentimentos.

O coração da cidade bate no ritmo de todas as paixões. Tudo ali tem alma, força, magnetismo. Podemos passear pela história da Cidade Luz, sentir a vida pulsando em suas artérias. O passado se faz presente em todo momento. A foto clássica de Robert Doisneau registrando o beijo de reencontro, depois da Segunda Guerra, traduz o espírito da capital francesa – cenário ideal para o amor.

Esgotar Paris? É missão para uma vida. Paris é um acumulado de culturas, museus, torres, castelos, jardins, igrejas. Até os cemitérios são os mais visitados do mundo. O Père-Lachaise, além das sepulturas de celebridades como Chopin, Molière, La Fontaine, Abelardo e Heloisa, é verdadeira galeria de arte a céu aberto.

Quanto mais se vai a Paris, mais se aprende a extrair dela prazeres inesquecíveis. É o caso de saborear, sem pressa, momentos agradáveis à mesa dos cafés, como fazem os parisienses. Esses ambientes românticos são ideais para relaxar, conversar, ver o luxo e o glamour da cidade desfilando pelas calçadas.

Não existe pressão para consumir. Peça seu café com creme e esqueça o tempo. Pode ser no Les Deux Magots, reduto intelectual de outrora, frequentado por Sartre e Simone de Beauvoir. Que tal o Le Procope, o mais antigo? Aberto em 1686, recebeu Voltaire, Balzac, Molière, Victor Hugo. No Café de la Paix, o café ou chocolate quente ganham sabor especial com o cenário do conjunto arquitetônico da Ópera de Paris.

O rio Sena divide a cidade em duas partes. Uma: a Rive Droite. A outra: a Rive Gauche. Na margem direita, monumentos e museus. Na esquerda, bairros como o Quartier Latin e os famosos cafés frequentados há gerações por artistas e escritores. Os quarteirões que se espalham ao longo do Sena, verdadeira avenida fluvial, merecem ser explorados pedacinho por pedacinho. São puro charme e convite ao mais parisiense dos passatempos – *flâner*.

Flâner. Verbo francês que foi incorporado à língua portuguesa como "flanar", que significa "vaguear", andar sem rumo ou direção certa. Para o filósofo Walter Benjamin, Paris é "o paraíso dos *flâneurs*", ou seja, daqueles que se dedicam a caminhar a esmo para admirar não só os grandes monumentos e edifícios, mas também para se embevecer diante de cada degrau, cada placa de loja e cada pedra do calçamento da cidade.

O Sena exibe 32 pontes. Algumas delas são obras de arte, engenharia e arquitetura. É o caso de Pont Neuf, Alexandre III e a Bir-Hakeim, de onde Monet pintou vistas de Paris. Da ponte La Tournelle, vê-se o melhor ângulo da Notre Dame. Vale a pena deter-se na bela fachada gótica, nos três pórticos (da Virgem, do Juízo Final, de Sant'Ana), na rosácea, nas sinistras gárgulas de pedra e nas torres com 387 degraus. Quem tiver fôlego, pode subir. O órgão da Idade Média é um dos astros dos concertos gratuitos aos domingos, às 17h30.

Explorar as bordas do Sena com suas barraquinhas de livros, os buquinistas, artistas e músicos de rua e ainda correr o risco de escutar "La vie en rose" num fim de tarde, quando o pôr do sol coloca tons dourados nas silhuetas dos monumentos, é viver beleza e sensibilidade.

Paris é para ser vista de vários ângulos. A combinação de luz e perspectiva compõem cenários variados. À noite, com os *bateaux-mouches* iluminados, a atmosfera é mágica. São mágicos também os raios de sol rasgando os vitrais da Notre Dame, da Sainte Chapelle e dos tetos parisienses da perspectiva da basílica de Sacré-Coeur e da colina de Montmartre.

Bateaux-mouches. Um dos programas obrigatórios em Paris é passear nos *bateaux-mouches*, embarcações românticas que navegam pelo rio Sena.

Impossível deixar de explorar a Île Saint Louis. Ela é especial por muitos motivos. Sem árvores, praias ou montanhas, tem charme único – é cercada de Paris por todos os lados. Andar pelas ruas estreitas e aconchegantes é tomar contato com o que há de mais bucólico e chique nas redondezas. São pequenos prédios, restaurantes intimistas, jardins floridos, lojinhas esbanjando requinte e o melhor sorvete de Paris – o da casa Berthillon.

Depois, a caminhada pode se prolongar até Saint-Germain-des-Prés, numa viagem pelo tempo e pela gastronomia. A tradição dos cafés literários faz contraponto aos luxuosos templos da moda, em convivência harmoniosa. Outro roteiro que enfeitiça e encanta é perambular pelo Marais. Considerado o coração cultural e histórico da cidade, ainda conserva as características medievais. Pela Place des Vosges, circundada por arcadas harmônicas, abundam antiquários, butiques, restaurantes e elegantes casas de chá.

Paris oferece diversos espaços verdes, como os Bosques de Boulogne e Vincennes. No belo jardim do Museu Rodin, entre *O beijo* e *O pensador*, a emoção flui livremente diante da perfeição da obra. Dá para sentir a vida e a alma aprisionadas no mármore branco.

No jardim de Luxemburgo, descansa-se nos mesmos bancos onde Modigliani e Hemingway encontravam inspiração. Crianças brincam ao redor do lago, casais passeiam de mãos dadas, leitores ávidos mergulham em livros e jornais. Uma fatia da vida do parisiense pode ser sentida nesses espaços verdejantes e bucólicos.

Paris desperta paixão. Por vários motivos. A capital dos franceses está mais imune do que outras metrópoles à modernidade arquitetônica. Mas se permite a ousadia de plantar, em pleno bairro medieval, um prédio que explode modernismo. É o Centro Georges Pompidou, que ganhou vermelhos, azuis e amarelos exibidos pelos canos à mostra. Ali se pode ver a arte do agora, agora.

A ousadia se repete na desconcertante pirâmide de vidro do Louvre. No interior do museu, indiferentes às vanguardas, relíquias como a *Vênus de Milo*, *As Três Graças*, a *Mona Lisa* e *Vitória de Samotrácia*, uma das mais belas esculturas da humanidade.

Cinco museus em Paris

- Cluny: Museu de arte medieval.
- Museu do Louvre: Obrigatório. Estão lá a *Mona Lisa* e a *Vênus de Milo*.
- Museu Picasso: Além de muitas obras de Picasso, abriga a coleção particular do artista.
- Museu Rodin: Entre as obras expostas, estão *O beijo* e *O pensador*.
- Palais de Chaillot: Abriga o Museu de la Marine, Museu de l'Homme, Museu dos Monuments Français e Museu dos Cinéma Henri Langlois.

O forte apego às tradições se traduz no cuidado com o patrimônio e a restauração constante dos monumentos. A resistência a línguas estrangeiras, o fervor intelectual com a reverência à Sorbonne, a sobrevivência dos sebos e grandes livrarias dão mostras do amor à cultura.

Hábitos tão franceses como frequentar os cafés, carregar a baguete tostadinha debaixo do braço, gastar os domingos garimpando preciosidades no Marché aux Puces resistem ao tempo e à pressa da vida moderna. A importância da gastronomia, dos vinhos, queijos, a beleza multicolorida dos mercados de legumes, de frutas e de flores demonstram o culto aos prazeres da vida.

Desvendar Paris é um apelo tão forte à sensibilidade que a viagem se transforma em encontro com o que há de melhor em cada um. Paixão se mistura às emoções, ao amor, ao belo, aos sentimentos firmes e duradouros e até mesmo aos efêmeros. O convite é viver intensamente cada segundo e cada sentimento.

Hemingway, em carta a um amigo, em 1950, assim se referiu à capital dos franceses: "Se você teve a sorte de viver em Paris quando jovem, a presença da cidade continuará a acompanhá-lo pelo resto da vida, onde quer que você esteja, porque Paris é uma festa móvel, que se carrega no coração". A carta de meio século atrás continua atual.

> "Paris é uma festa!"
>
> Ernest Hemingway

Londres, a múltipla

Alguns destinos nunca saem de moda. São roteiros que não se esgotam. Atraem e enfeitiçam. Londres é um deles. A variedade marca o turismo inglês. Ali se mergulha na história, na cultura, na tradição, no misticismo e na vanguarda.

A capital dos ingleses é única no mundo. Elegante, discreta, não se revela facilmente. Tem que ser descoberta aos poucos, explorada, entendida, absorvida lentamente. Nem todos amam Londres à primeira vista. Mas, quando se expõe ao viajante persistente, vira paixão. É inegável que tem mudado muito, como mudou até o comportamento da outrora sisuda e discreta família real.

Cosmopolita, Londres está mais colorida e mais alegre. Apesar dos ares modernos que lhe conferem a London Eye, Millenium Bridge, Tate Modern, a Londres que amamos continua lá, inconfundível, com seus táxis negros reluzentes, os ônibus de dois andares, as cabines telefônicas vermelhas, o chá das cinco, os *speaker's coorner*. A manhã de domingo é ideal para visitar o Hyde Park, o mais famoso parque da cidade, e ouvir os oradores que clamam contra tudo, menos contra Deus e o trono.

Os ingleses são pontuais e conservadores. Ao contrário da maioria dos países que usam o sistema métrico decimal, suas medidas são milhas, galão, jardas. A mão no trânsito é diferente. Mesmo quem não vai dirigir, o que é uma complicação em Londres, deve abrir os olhos ao atravessar a rua. É um susto dar de cara com um carro e ver o motorista sentado no lugar do passageiro. A moeda é a libra, resistindo à adoção do euro.

Um aspecto que confunde e ao mesmo tempo encanta é que, apesar de toda a tradição refinada, circula pelas ruas uma galeria de tipos. Os ingleses gostam de ser diferentes. Não é por acaso que os exóticos representantes de várias tribos desfilam pela cidade e os modismos mais extravagantes nascem na capital inglesa.

Tradição e vanguarda, pompa e *pop*, tudo se mistura o tempo todo. Conhecendo detalhes e costumes do cotidiano, fica fácil amar a metrópole e descobrir que não há uma Londres, mas várias. Temos a Londres dos incontáveis parques, museus, teatros, shows e concertos de música de todos os gêneros. A Londres dos poetas homenageados nas placas do Poets Corner na Abadia de Westminster.

Cinco lugares imperdíveis de Londres

- Abadia de Westminster: Construída no século VIII, é onde são coroados os monarcas britânicos.
- Museu Britânico: Um dos mais completos museus do mundo.
- Hyde Park: O mais famoso parque da cidade.
- Palácio de Buckingham: Residência oficial da família real britânica.
- Piccadilly Circus: Ponto de convergência de várias ruas e tribos londrinas.

A Londres das livrarias e sebos em Charing Cross Road e das roupas radicais nas butiques de Kings Road e High Street Kensington. A Londres da cultura alternativa representada pelas feiras de Portobello Road aos sábados, Nothing Hill Gate e Camden Town aos domingos. Há ainda o Covent Garden, antigo jardim de convento. O mercado de flores que existia nas proximidades foi cenário do clássico *My fair lady*, com Audrey Hepburn. Atualmente abriga cafés, *pubs*, lojinhas. E serve de palco para malabaristas, violinistas e artistas de rua encenarem variadas performances.

Picadilly Circus, com a conhecida estátua de bronze do deus Eros, é para os ingleses o que a Times Square é para o nova-iorquino: ponto de convergência de várias ruas, centro do universo. Tornou-se famosa por abrigar as principais manifestações políticas, culturais e de comportamento. A praça revela o mundo *underground* e menos sangue azul da cidade. A prova está na cabeleira colorida dos *punks*.

Uma viagem pela história da cidade fundada pelos romanos em 43 d.C. e sacudida pelos Beatles há mais de 30 anos passa necessariamente por Westminster, o bairro do poder. O Palácio de Buckingham, residência da família real, onde a pompa e elegância desfilam durante a cerimônia de troca da guarda. A Abadia de Westminster, catedral gótica, referência espiritual da Grã-Bretanha, onde se coroam reis e rainhas e são enterrados soberanos, cientistas e escritores. (Não confundir com a Catedral de Westminster, bonita igreja neobizantina e sede da Igreja Católica.)

No coração do velho império, ainda se pode visitar a Casa do Parlamento, em estilo gótico e assistir às sessões da Câmara dos Lordes e da Câmara dos Comuns. O máximo do conservadorismo. Para entrar no interior do edifício é só ficar na fila, na entrada St. Sthephen. A Victoria Tower, que abriga o Big Ben, é parte do edifício do Parlamento e compõe o cenário clássico com o qual Londres se apresenta ao mundo.

Big Ben, na verdade, é o nome do sino de 13 toneladas do relógio que se tornou uma das marcas registradas de Londres. Ele tem esse nome em homenagem a Benjamin Hall, comissário britânico de obras durante a construção da torre onde está instalado.

Dá-se de cara com ele ao emergir da estação de Westminster. A ronda continua pela Catedral de St. Paul, onde se revive o casamento de Charles e Diana, e a Torre de Londres, castelo medieval que já foi fortaleza, local de execução e hoje guarda as joias da coroa. Os guardas usam o mesmo uniforme do século XV.

Londres é também centro cultural e de entretenimento: teatros, musicais, peças clássicas e contemporâneas. Os ingressos podem ser adquiridos pela metade do preço nos Half Price Ticket. A maior concentração dessas casas se encontra em West End. Quando as luzes dos teatros se apagam, as ruas ganham vida e as pessoas saem para se tornarem protagonistas em boates e restaurantes *after theatre*, que permanecem abertos até tarde.

Os museus e galerias estão entre os melhores de Europa, França e Bahia. O Museu Britânico é a síntese completa da história da humanidade. É, como disse alguém, a "própria enciclopédia britânica em pergaminho e mármore". Ninguém precisa ir ao Egito ou à Grécia para admirar as melhores coleções desses países. Elas estão em Londres. A de múmias supera à do museu do Cairo. A entrada é gratuita. Na saída cada um dá quanto quer.

A National Gallery, além da beleza do edifício neoclássico, exibe obras dos grandes mestres da pintura do século XIII ao XX. São mais de duas mil obras divididas em quatro seções de acordo com as escolas a que pertencem artistas como Leonardo da Vinci, Rembrandt, Monet, Van Gogh, Renoir, Rafael.

O Museu de História Natural parece sala de aula sobre a natureza. Traz inspiração para ver o mundo de forma diferente. É lugar de grandes emoções. As mostras são interativas. O visitante pode se sentir no meio de um terremoto, de uma erupção vulcânica ou dar de cara com um gigantesco dinossauro.

No Madame Tussaud, marcam encontro as versões em cera de celebridades vivas ou mortas. É um encontro desconcertante e até assustador. As portas do mundo sobrenatural se abrem. No país dos fantasmas, tudo pode acontecer.

Ninguém vai a Londres para usufruir dos prazeres da mesa. A culinária nunca foi o forte da cidade. A cozinha inglesa foi sempre muito criticada, o que deixou a Inglaterra no anonimato nesse quesito. Mas atualmente há forte tendência de adesão aos princípios da boa mesa e da cultura gastronômica. O turista não tem que sair correndo à procura de uma cantina italiana.

A Harrods, loja dos ricos e famosos, simboliza a aristocracia e a perdição. Em dia pré-marcado, fecha as portas aos pobres mortais para atender à rainha. No térreo fica o mercado de queijos, patês, chás, especiarias e tantas outras delícias. Você pode sentar-se numa elegante mesinha enquanto decide se abre a bolsa e solta o cartão de crédito. De andar em andar, um mundo de tentações.

Passear a pé e entrar em contato com a genuína alma inglesa constitui experiência ímpar. Os ingleses são polidos e educados quando abordados num pedido de informação, mas fique por aí e não vá se entusiasmar. São herméticos para um contato mais profundo. Existem *tours* guiados, a pé, para determinadas regiões, ou temáticos, com visitas a lugares associados a Charles Dickens ou até a Jack, o estripador. Mas o bom mesmo é caminhar sozinho, no seu ritmo.

 Existem mais de 15 mil *pubs* em toda a Inglaterra, sendo que 7 mil deles estão em Londres.

No fim da tarde, faça como todo inglês – vá a um *pub*. Chegue cedo como eles fazem, logo depois do trabalho, e sinta a atmosfera, o charme dessa importante instituição social tão característica de Londres quanto Sua Majestade e o Big Ben. Nos *pubs* a discrição e o formalismo resistem até o segundo copo de cerveja. Daí em diante, homens e mulheres sisudos podem até cantar. Não há exagero em dizer que os britânicos não conseguem conceber o seu país sem esses lugares comunitários onde se bebe, se come, se joga ou, simplesmente, se encontram pessoas depois do trabalho.

Londres não se conhece em uma, duas ou dez viagens. Aguce a capacidade de observação e comece a descobrir e viver as surpresas em cada esquina. E não se esqueça da célebre frase: "Quem se cansa de Londres está cansado da vida".

Nova York, o resumo do mundo

O melhor restaurante do mundo? Está em Nova York. As *maisons* mais exclusivas do planeta? Estão lá. Os musicais mais badalados dos cinco continentes? Estão na Broadway. Os museus mais completos do planeta? Estão em Manhatthan e arredores. O melhor tudo de todos os lugares e todos os tempos? Está na cidade dos arranha-céus, da Estátua da Liberdade e do Central Park.

Nova York já mereceu milhares de definições. A melhor: é o resumo do mundo. Cosmopolita, nada a surpreende. Anda-se pelas ruas, entra-se nos restaurantes, pede-se informação e se tem certeza de que ninguém está olhando. Não há maior sensação de liberdade.

Ser desconhecido tem vantagem. Pode-se fazer o que quiser sem preocupação com os outros. Comer sanduíche na rua? Pintar o cabelo de cinco cores? Desfilar na Quinta Avenida às duas horas da tarde de vestido de baile? O único risco é gostar. Eles não olham. Não pensam nada, absolutamente nada, pelo menos a nosso respeito.

Em Nova York, pode-se tudo. Exceto três coisas. Uma: deixar de responder nitidamente a um agradecimento. Ao *thank you* deve seguir firme e bem alto *you are welcome*. Outra: desrespeitar a privacidade. O americano não duvida de que o direito do outro acaba onde começa o dele. A última: esquecer a gorjeta. O agrado não vem incluído na conta nem é obrigatório. Mas é de lei. Gratificação menor que 15% para o garçom ou o motorista de táxi constitui grosseria.

 O correto, em português, é usar "Nova Iorque" ou "Nova York"?

Os especialistas em língua portuguesa sugerem que se escreva "Nova Iorque", traduzindo tanto o "New" quanto adaptando o "York" ao português. Mas o uso corrente acabou consagrando a forma híbrida "Nova York".

O melhor programa de Nova York? É andar a pé. Vista uma camiseta acostumada ao corpo, calce um tênis confortável e... pernas pra que te quero. A cada passo, uma atração.

Vale a pena percorrer a Quinta Avenida devagar. Rever os cartões postais da cidade ao vivo: o decadente Empire State, edifício que *King Kong* imortalizou; a Biblioteca Pública, na Rua 42. O Rockefeller Center, com sua pista de patinação, a vizinhança com a loja do Metropolitan Museum e o Dean and Deluca, que serve o melhor *capuccino* das redondezas.

Mais: na calçada em frente, fica a catedral de Saint Patrick. Com um pouco de sorte, pode-se ouvir o coro da igreja. O distraído possivelmente pensará que anjos desceram do céu e marcaram encontro por ali. Adiante, os paraísos do consumo: a Godiva, a Cartier, a H. Stern, a Tiffany, a *kitsch* Trump Tower.

A Rua 57 é parada obrigatória. Ali estão concentradas as *maisons* de alta-costura. Dior, Yves Saint Laurent, Nina Ricci, Estrada, Armani exibem os lançamentos. Volta e meia fazem promoções. Só resiste quem não tem dinheiro no banco ou cartão de crédito no bolso.

A Avenida Paulista é símbolo de São Paulo. A Broadway tem a cara de Nova York. De dia, breguíssima, é cheia de camelôs, lojas de eletrônicos, gente feia. À noite, se transforma. Rua dos teatros, explode em luzes. Limusines circulam, muita gente pra lá e pra cá. Exceto o Village, é o único lugar que fica acordado até tarde. A qualquer hora, há onde comer, tomar um aperitivo, divertir-se.

E os museus? Nova York tem templos da arte moderna e da arte de todos os tempos. Há de tudo e do melhor. O Museu de História Natural recebe o visitante com gigantescos esqueletos de dinossauros. Depois, oferece um show de luzes e sons que reproduz em vinte minutos a criação do universo, que durou 13 bilhões de anos.

 Cinco lugares de Nova York

- Central Park: O coração – e o pulmão – da cidade.
- Metropolitan Museum of Art: Uma coleção de cerca de três milhões de obras.
- Museum of Modern Art (Moma): No acervo permanente, quadros de Picasso, Van Gogh e Mondrian.
- Quinta Avenida: Alguns dos principais cartões-postais da cidade estão lá.
- Rua 57: O endereço da alta-costura nova-iorquina.

O Moma, agora reformado, exibe acervo de mestres mais recentes, talvez de cem anos pra cá. O Metropolitan Museum rivaliza com o Louvre e o British Museum. Abriga 36 séculos de arte. Enciclopédico, tem relíquias que vão de cerâmicas chinesas a quadros de Picasso, passando por armaduras medievais e até um templo egípcio completo.

Duas alas chamam a atenção: a de arte islâmica e a de arte africana. Os tapetes de mesquita, os persas mais belos que o dinheiro pode comprar, estão no Metropolitan. Dizem que o melhor artesão de cada aldeia é contratado para tecer o tapete da mesquita, presente para Alá. Concluído o trabalho, que dura anos, ele tem a mão amputada para não repetir a obra. Considera-se homenageado com a perda. É um privilégio ter o que dar a Deus.

Os grandes museus se parecem. Mas cada um tem uma atração especial que torna obrigatória a visita a suas salas. Quem vai ao Louvre sem ver a *Mona Lisa* ou a *Vênus de Milo*? Quem visita o British Museum sem se deter nos frisos da Acrópole? Quem chega ao Metropolitan tem que ver a arte africana.

Doado em grande parte por Nelson Rockefeller, o acervo de máscaras, esculturas e divindades do universo místico do continente negro foi reunido por Michael Rockefeller, que morreu nas selvas da África desbravando as maravilhas de ébano, palha, metal e pedra mais surpreendentes do Metropolitan.

O Cloister, no Bronx, abriga as obras-primas da arte medieval do Metropolitan. É um claustro. Dizem que John Rockefeller comprou pedra por pedra, coluna por coluna, porta por porta, vitral por vitral de claustros europeus para abrigar a coleção de George Grey Bernard. São esculturas, tapetes, iluminuras, peças em ouro e pedras preciosas. Lá tudo é show. O prédio, o jardim, as obras. Para entrar, paga-se o que quiser.

As livrarias são outro programa. A rede Barnes & Noble tem um café lá dentro. A gente pode pegar um livro e sentar-se à mesa ou espichar-se numa poltrona. Só será importunado na hora em que a casa fecha as portas. O sucesso da Barnes se deve não só ao acervo que abriga autores e obras de todas as nacionalidades. Mas sobretudo à liberdade que dá aos clientes. Responde à obsessão dos moradores da cidade.

Ao deixar Nova York, o turista tem uma certeza e um cuidado. A certeza: voltará. Não uma ou duas vezes, mas muitas. O cuidado: manterá uma reserva de dólares na carteira. É pra pagar o excesso de bagagem.

Pequenos lugares inesquecíveis
que você precisa descobrir

Luiz Trigo

Muitas vezes, em viagem, é ótimo deixar os mapas, guias e planos de lado. Deixar-se levar pelo acaso e percorrer as trilhas da aventura. Descer em uma estação ferroviária, numa cidadezinha localizada em uma região promissora, sem saber muito do lugar; dirigir por estradas secundárias entre grandes cidades, procurando desvios e recantos; sair a esmo em um porto repleto de marinas e *piers* transformados em lojinhas, ler um jornal ou revista em um café olhando as pessoas passarem ansiosas por cumprir seu horário de trabalho enquanto desfrutamos do ócio jogados em qualquer canto do planeta.

Viajar é fazer coisas diferentes. Dormir até mais tarde ou acordar cedo por uma boa causa; comer coisas estranhas e desconhecidas; voltar para o aconchego de um recanto familiar perdido no fim do mundo; olhar vitrinas repletas de coisas com rótulos e cartazes escritos em uma língua da qual sequer entendemos as letras. Isso é viajar.

Largar-se no mundo disposto a procurar – e descobrir – algo diferente em termos de sensações, estética, hábitos. Sem hora, sem data, sem destinos rígidos. É preciso abandonar-se completamente ao ócio e deixar que a teoria do caos governe nossa existência por um tempo. Sentir-se estranho em um lugar estranho – ou familiarizado, talvez – depende de você, de seus sonhos e desejos. É preciso percorrer os insólitos caminhos das terras distantes de nossa casa para lermos as outras páginas do livro do mundo.

Um português, que morou por muito tempo no Brasil e foi diretor da operadora Abreutur, em São Paulo, dizia que para se conhecer Portugal e a Europa, no que há de mais característico, é preciso ir aos "buraquinhos". Hoje ele está aposentado em Lisboa, seu nome é José Laureano Matias. Possui uma fina percepção das pessoas e dos próprios lugares. Estivemos algumas vezes juntos, em Lisboa, e percorremos os velhos restaurantes perto do Chiado ou nas imediações da Rua das Portas de Santo Antão. Entramos em prédios antigos e com muitas histórias para contar, desde as marisquerias até uma portinha que vende a jijinha, um licor centenário bebido em pé e ao pé do lustroso balcão de madeira, único móvel existente na pequena loja, além das garrafas e tonéis com o líquido. Jijinha é uma fruta local da qual se faz o licor. Pode-se beber com ou sem a frutinha no cálice.

Estivemos também na Costa da Caparica, do outro lado do rio Tejo, para comer peixe nos restaurantes rústicos e saborosos que só os lisboetas e vizinhos sabem onde se escondem. Com mais de setenta anos de idade, Matias sabe adicionar ao prazer de um bom vinho e uma boa comida a riqueza dos fatos que aconteceram – reais ou fictícios – no entorno dos lugares visitados. Um turista que se guie apenas pelos roteiros convencionais dificilmente vai descobrir essas preciosidades. É preciso saber consultar guias turísticos especializados ou que algum morador na região o leve por essas trilhas e labirintos que complementam qualquer viagem pretensamente menos estereotipada ou superficial.

Seu estilo de vida é importante

Há vários prazeres envolvidos na arte de se descobrir algo fora dos roteiros turísticos convencionais. São delícias como privacidade, tranquilidade, sossego, exclusividade e surpresa em desvelar delícias nunca imaginadas. Nem sempre isso envolve preços elevados ou contatos exclusivos. Claro que alguns desses lugares são caros e destinados a sócios ou convidados vIPs, mas existem milhares de lugares descolados, excelentes e acessíveis à classe média com uma percepção e estilo acima do mediano. Isso se adquire aos poucos, conhecendo, errando, mas elaborando continuamente um mapa de possibilidades.

Com o tempo, desenvolve-se um "faro" que permite ir diretamente – ou evitar – determinados locais, pessoas ou datas. Não ir, algumas vezes, é importante para desviar-se de aborrecimentos. Alguns afirmam que só é possível visitar Veneza no inverno, pois no verão ela fica superlotada e os canais exalam odores que não condizem com a aura romântica dessa cidade especialíssima. Certas operadoras não trabalham com eventos como Copa do Mundo ou Olimpíadas, porque é muito difícil garantir a qualidade dos serviços prestados, a menos que, como nas Olimpíadas de 2004 em Atenas, fretem navios para servir de hotéis flutuantes durante os jogos e se possibilite privacidade aos passageiros, longe do caos urbano e da agitação que normalmente envolvem essas festas globais.

Tudo depende do estilo, do desejo e do nível de informação das pessoas interessadas. Alguns adoram passar o *réveillon* em Copacabana, por exemplo, em meio à multidão. Outros preferem uma propriedade rural aconchegante nas montanhas, seja nas serras brasileiras, na cordilheira dos Andes ou nas montanhas norte-americanas e europeias. Entre Chamonix, Campos do Jordão e Denver, podem existir similaridades. O importante é orientar-se pelo que nos dá prazer e nos provoca uma identificação satisfatória. Evidentemente devemos nos aventurar em busca de novas sensações e experiências, mas pode-se voltar aos lugares onde já obtivemos muitas recompensas e queremos repetir. Entre o comodismo e a descoberta de novas opções, existe um amplo espectro que cada um deve ajustar às suas necessidades e conveniências.

> "Não há homem completo que não tenha viajado muito, que não tenha mudado vinte vezes de vida e de maneira de pensar."
>
> Lamartine

Penso ser importante proporcionar uma assinatura estilística própria às viagens que realizamos, como o fazemos em relação à moda, à gastronomia ou à decoração que desfrutamos em nossas vidas. Muitas vezes os acontecimentos nos colocam em situações que, a princípio, parecem ser desfavoráveis, mas, com bom humor e mente aberta, podem se tornar muito agradáveis e marcantes.

Lembro de um aniversário que, excepcionalmente, estava sozinho em Florianópolis, aproveitando uns únicos dias de férias possíveis e solitárias. Na época, não havia celular e internet, portanto a sensação de isolamento físico era maior. Era um dia de semana, com céu azul, temperatura amena e muito sol. Estava na praia de Campeche, ao sul da ilha, e já passada a hora do almoço, procurei um local para comer em paz comigo mesmo. Vi um restaurante rústico, na areia da praia, com umas mesas de madeira em uma varanda de onde se avistava o mundo em sua amplidão. Olhei em volta, gostei da atmosfera e sentei-me.

Estava só. Eu e o dono. Pedi uma cerveja, que veio com o casco coberto por uma fina camada de partículas de água congelada, e uma anchova, inteira, que foi meticulosamente devorada. Ao terminar, devidamente saciado, o sol iniciava seu caminho rumo ao horizonte e bebi o último gole da segunda cerveja em minha homenagem. É fácil lembrar as refeições que fizemos com as pessoas queridas, os amigos, parentes ou amores, mas não é tão usual, pelo menos para alguns, lembrar as refeições feitas em companhia de si mesmo.

Devido à minha vida profissional, quando muitas vezes viajo só, desde a adolescência desenvolvi o hábito de me convidar para jantar ou almoçar em ocasiões que considero solenes. Uma boa refeição em companhia adequada é uma preciosidade, mas, se as circunstâncias nos encontram sem mais alguém para compartilhar, então temos de ser boa companhia para nós mesmos. Lembro que o décimo segundo mandamento (de um total de treze), que um amigo psicanalista escreveu, diz que é preciso "adquirir capacidade de solidão". Porém, se quiser conhecer alguém mais profundamente, viaje com essa pessoa. Uma viagem necessariamente abre opções imprevistas e nos coloca perante o desconhecido. Por isso é necessário o bom humor e o desprendimento nas descobertas que fazemos pelo mundo.

 Dez dicas para uma boa viagem

- Não vá a algum lugar contra a sua vontade, seja para agradar aos outros companheiros de viagem ou para dizer que "esteve lá" aos seus amigos.
- Experimente coisas diferentes, desde que isso não violente seus gostos, hábitos ou idiossincrasias. Ninguém é obrigado a fazer o que não quer, pelo menos em viagem, a não ser em casos extremos.
- Fazer loucuras é diferente de fazer asneiras. Não faça coisas perigosas, ilegais ou contra os costumes ou crenças da região onde você estiver.
- Viajar é ótimo para conhecer outras pessoas. Melhor ainda é conhecer antes as pessoas desagradáveis – para evitar viajar com elas. Vá acompanhado de pessoas compatíveis com seu estilo e gostos.

- Quem define seu estilo e gostos é você mesmo. Evidentemente procure informar-se em boas fontes para aprimorar-se de acordo com suas necessidades ou vontades.
- Quem viaja não pode ser etnocêntrico, xenófobo ou nacionalista. Torna-se chato e desagradável, melhor ficar em casa implicando com os vizinhos.
- Converse com outros companheiros de viagem ou com as pessoas locais, mas não deixe que elas o façam de "otário" ou se aproveitem de seu desconhecimento da cultura local para explorá-lo economicamente.
- Lembre-se de que há coisas "naturais", especialmente comidas e bebidas, que são contaminadas por micro-organismos, perigosas bioquimicamente ou simplesmente horrorosas ao nosso paladar. Informe-se bem antes de colocar qualquer coisa na boca, mas faça-o antes de ir aos restaurantes ou mercados para não se fazer de intolerante ou rude.
- Use roupas discretas em viagem. Você tem que prestar atenção no que é interessante e diferente – e não o contrário.
- Se for em regiões com cultura e religião muito diferentes da sua, leia antes sobre os procedimentos, tabus e manias locais para evitar conflitos.

Abra-se para o inesperado

Em um gélido inverno britânico, fui visitar o museu da Royal Air Force, situado nos arredores de Londres. Passei horas vendo as máquinas – adoro aviões –, lendo sobre as guerras nas quais eles atuaram e perambulando pelos hangares povoados de fantasmas da história. Quase ao final da tarde, saí para as tristes ruas hibernais e entrei em um *pub* nas imediações.

Cada *pub* (a palavra vem de *public house*) possui características, bebidas e comidas mais ou menos específicas. No balcão estava um senhor idoso e ele me viu manuseando o livro comprado no museu, sobre a aviação militar na Segunda Guerra Mundial. A conversa aflorou e ele me contou ser polonês, que imigrara com os pais para a Inglaterra no final da década de 1930, chegando a participar da guerra.

A noite fria veio me encontrar bebendo Guiness (a deliciosa cerveja preta da Irlanda) e ouvindo – quase vivendo – a história daquele senhor, deliciado em encontrar ouvidos do outro lado do Atlântico. A batalha aérea da Inglaterra contra a Luftwaffe nazista passou a ter um sabor especial para mim. Quando finalmente me despedi e saí à rua, rumo à estação de metrô, sentia-me mais humano, demasiadamente humano, com a cerveja, a conversa e o ambiente.

Tempos depois, quando reli o meloso *O pastor*, de Frederick Forsyth, a história havia adquirido uma vida inexistente antes daquela conversa no *pub*, do qual não lembro o nome, com o homem desconhecido que trouxe fragmentos preciosos de sua memória para minha vida.

Dos livros à vida

A literatura nos oferece exemplos de como pequenas coisas podem enriquecer a existência. No final do volumoso romance *Os mandarins*, Simone de Beauvoir elabora um inventário das coisas boas que fez na vida. São coisas simples como dormir sob as estrelas em uma barraca em Delfos, na Grécia; navegar ao pôr do sol; comer mariscos em um pequeno porto pesqueiro no Mediterrâneo. Um segredo para aproveitar mais densamente os lugares por onde viajamos é ler algo a respeito antes de ir, ou melhor, durante a viagem. Os bons romances são preciosidades por trazerem um pouco da "alma" distante ou incognoscível das terras estranhas.

Para ler antes e durante a viagem

- São Luís, no Maranhão, desvela suas ricas facetas quando se lê os romances de Josué Montello (*Os tambores de São Luís* ou *Noite sobre Alcântara*).
- O Marrocos fica ainda mais misterioso quando se lê os contos de Paul Bowles (*Um amigo do mundo* ou *Chá nas montanhas*).
- As marcas do sertão brasileiro tornam-se épicas com João Guimarães Rosa (*Tutameia, Primeiras histórias*) ou Mário Palmério (*Vila dos confins*).
- A estranheza e a solidão das planícies platinas sobressaem em Juan José Saer (*O enteado*) ou em Horácio Quiroga (*Contos de amor, de loucura e de morte*).
- Buenos Aires é pálida, mesmo com todo seu esplendor, se não lermos as páginas de Jorge Luís Borges (*Fervor de Buenos Aires*) ou os contos de Roberto Arlt (*As feras*).

- A Patagônia chilena é ainda mais deslumbrante nos livros de Luis Sepúlveda (*Mundo del fin del mundo* e *Patagônia Express*).
- O interior de Portugal revive em Miguel Torga (*Contos da montanha*).
- A Bahia de Jorge Amado (*Capitães da areia* e muitos outros romances) e de João Ubaldo Ribeiro (*Viva o povo brasileiro*) é ainda mais divertida e simbólica.
- Até a sofrida Albânia possui seus encantos nas páginas de Ismail Kadaré (*Dossiê H* e *Concerto de fim de inverno*).
- O Mediterrâneo espanhol ganha ares de aventuras contemporâneas com Arturo Pérez-Reverte (*A carta esférica*).

É impossível enumerar todos os autores, livros e até mesmo filmes sobre viagens e destinos, mas a literatura e o cinema proporcionam riqueza intelectual e sensibilidade para se descobrir alguns dos mais charmosos e deliciosos recantos do planeta, inclusive alguns localizados a poucos quilômetros de nossas próprias casas.

Por exemplo: só fui conhecer mais profundamente a história (e as estórias) da minha cidade, Campinas, quando passei uns anos como seu diretor de turismo. Fazendas, becos, ruas e edifícios antigos passaram a ter outro sentido e significado para mim ao me defrontar com os testemunhos vivos das pessoas que ali viviam ou estudavam seu passado. Ao lado dos filmes, guias e livros, o contato com as pessoas pode enriquecer imensamente uma experiência de viagem.

Lembre-se: às vezes, a viagem continua no "depois". Algumas vezes, só no regresso descobre-se que tal loja, hotel ou edifício possui um valor artístico ou histórico que desconhecíamos. Aí a mente enriquece a memória e, tempos depois, a percepção do que vimos pode ser mais intensa – ou menos, depende – do que vimos no tempo e no espaço destinados àquele lugar.

"O reencontro de si mesmo só pode se fazer através de uma viagem."

Nelson Brissac Peixoto

Um boteco no fim do mundo

Há lugares que exalam o fervor das viagens. Quem gosta de velejar e de ouvir histórias de marinheiros que se aventuram por rotas pouco usuais talvez já ouviu falar do Bar do Peter ou do Café Sport. É um dos lugares ideais para se tomar uma cerveja Sagres ou um destilado forte, sentado em bancos toscos e confortáveis, vendo gente dos vários cantos do mundo, sentindo o vento alisar as janelas com sua maresia selvagem.

O ambiente é quase exclusivo porque distante de tudo e pouco conhecido por quem não é do mar. Fica em pleno Atlântico Norte, entre a América e a Europa, em um arquipélago vulcânico repleto de penhascos abruptos e escuros, vegetação exótica, vilas escondidas por entre as vertentes rochosas e a imensidão do céu e do mar que tanto emocionou o escritor italiano Antonio Tabucchi (que escreveu *Noturno indiano*, uma preciosidade sobre como um ocidental pode perder-se no Oriente, temática parecida com a de Paul Bowles, com seus livros sobre o Marrocos).

O Bar do Peter fica na ilha do Faial, nos Açores, na pequena cidade de Horta. Está situado bem em frente à ilha do Pico, que possui um vulcão como símbolo, um daqueles vulcões que a gente via nas gravuras quando criança, perfeitamente icônico, imenso e com nuvenzinha ao redor. O bar surgiu em 1818 e pertence desde sempre à família Azevedo.

 A ilha do Faial também é conhecida como "Ilha Azul" por causa da grande quantidade de hortênsias que florescem por lá nos meses de verão.

Entre as décadas de 1920 e 1930, a ilha de Horta foi um importante centro de conexões cabográficas e, durante a década de 1940, um ponto de apoio à aviação comercial no Atlântico Norte (até hoje a base de Lages, na ilha Terceira dos Açores, é operada pela Otan devido à sua posição estratégica privilegiada). Os famosos Boeing 314, os quadrirreatores com deque duplo da extinta Pan America, usaram a ilha como escala nos voos entre Nova York e Southampton, na Inglaterra. Quem quiser saber como era a vida nesses voos transatlânticos que duravam 24 horas, em 1939, deve ler *Noite sobre as águas*, de Ken Follet, e sonhar com os estilos sofisticados de serviço de bordo que antecederam as classes econômicas abarrotadas e os congestionados aeroportos contemporâneos.

Além de cabos telegráficos e aviões, a ilha sempre recebeu muitos navios de passageiros, cargueiros, veleiros e barcos de guerra, especialmente durante a Segunda Guerra Mundial. Peter era um garoto da família Azevedo que recebeu esse apelido de um marinheiro inglês. O menino fazia amizade com as tripulações e essas, quando zarpavam, deixavam lembranças e às vezes mandavam cartões-postais e sempre que podiam voltavam ao seu bar predileto nos Açores. O resultado foi um ambiente decorado, ao longo das décadas, com artefatos de muito bom gosto.

As paredes e prateleiras são forradas de cartões-postais e badulaques de todo o mundo. Chegadas e partidas, saudades e esperanças, alegrias e despedidas eternas, essa galáxia de sentimentos humanos pode ser vislumbrada nas paredes e estantes de Peter, nesse espaço etílico-emocional que, sem ser apenas real ou virtual, consegue ser simbólico e sublime. O bar representa o drama humano das viagens, das descobertas, dos reencontros e dos adeuses, tudo tão contextualizado pela palavra portuguesa "saudade" e pelo ar internacionalizado que os veleiros atracados ao cais transmitem aos viajantes. Não é um lugar para se chegar, um destino. É um ponto de passagem, um botequim, ao qual se vai uma ou poucas vezes na vida, portanto, é um lugar eterno em sua mudança permanente de cenários humanos. Não vale a pena dizer mais. Quem for aos Açores que sinta a experiência e, se quiser, deixe um papel rabiscado na parede do boteco e traga mais uma memória na alma.

"O viajante ainda é aquilo que mais importa numa viagem."

André Suarès

Cidades fora do mapa

Outro lugar especial é o norte da Espanha, perto da fronteira com a França, onde as praias são de águas frias e no inverno as tempestades varrem o litoral e as ruas de pedra das pequenas cidades. Essa região tornou-se mais conhecida, no Brasil e em várias partes do mundo, nos últimos anos, por ser o início do Caminho de Santiago, mas sua história pagã é muito mais antiga e as delícias regionais provêm de épocas anteriores ao cristianismo.

As cidades espanholas costeiras dessa região têm nomes estranhos como Hondarríbia e Santillana del Mar e não aparecem nos mapas gerais da Europa. É preciso procurá-las nos mapas da Costa Verde espanhola, indo para o Golfo de Vizcaya. As grandes cidades ao norte são Santander, Bilbao e San Sebastian, mas as estradas estreitas passam por maravilhas escondidas como os Picos de Europa, uma série de montanhas não muito altas, mas ricas em natureza selvagem e vilarejos, localizadas entre Leon e o litoral.

As pequenas aldeias à beira-mar é que encantam os olhos e a boca. Em Santillana del Mar há um restaurante chamado Altamira, em homenagem à gruta com suas pinturas rupestres pré-históricas, situada a poucos quilômetros dali. Altamira é um pequeno hotel com 32 apartamentos, um restaurante, não muito grande, com mesas de madeira maciça e piso de pedra.

Entre o outono e o inverno europeus, com mais certeza em janeiro, abre-se a temporada de caça na Espanha e na França e os restaurantes oferecem preciosidades em seus cardápios. Imagine chegar com seu carro alugado (é o melhor meio para se viajar e descobrir os "buraquinhos") ao final da tarde e hospedar-se em um aconchegante hotel de pedra, antigo, mas com vedação perfeita contra o frio vento hibernal. À noite, as pessoas reúnem-se em uma ampla sala, ao redor da imensa lareira. Depois, aos poucos, vão entrando no restaurante.

Um típico menu degustação do Altamira apresenta cervo ao aroma de tomilho, sopa de castanhas e *foie-gras* com espuma de perdiz, torta quente de veado com molho de trufas de Morella, perdiz recheada com presunto ibérico, javali com castanhas ao *brandy* e torta de figos da temporada. Tudo acompanhado com um vinho tinto espanhol, talvez o Marques de Riscal, ou outro que esteja sendo sugerido pela casa. Depois, mesmo que você não fume, tente um "puro" (charuto) acompanhado de café e conhaque. É uma refeição que consome umas duas horas e deve ser experimentada em boa companhia. Após saborear tranquilamente os aromas e os (poucos) ruídos locais, saia pelas ruas calçadas de pedra e sem muitas luzes e caminhe sentindo a paz e o silêncio. Finalmente, regresse ao hotel e durma o sono dos justos sobre a terra.

Uma variação dessa delícia gastronômica à beira-mar, na própria Espanha, é ao pé da montanha mais alta da Europa. Não fica no continente, mas sim no arquipélago das Canárias, localizado nas costas da África, a três horas de voo de Madri. A montanha chama-se Teide e localiza-se na ilha de Tenerife, onde nasceu o padre jesuíta José de Anchieta, fundador de São Paulo. Ali também deve-se alugar um carro e percorrer os caminhos montanhosos da ilha vulcânica.

Por ser região vulcânica (como os Açores ou a Madeira), o solo insular é extremamente fértil, e a vegetação é exuberante, auxiliada por sua posição subtropical e com ventos úmidos favoráveis do oceano. O resultado é andar por entre ravinas e penhascos com todas as tonalidades possíveis de verde. Quando se vai para o Teide, à medida que se ganha altitude, a vegetação começa a rarear até que se chega ao altiplano desértico e, no inverno, gelado. A hospedagem é em um *parador* denominado "Cañadas Del Teide".

Parador. Em Portugal, na Espanha, na França ou na Itália, existem antigos mosteiros, mansões, castelos ou fortes transformados em alojamentos de médio a alto luxo, que em terras espanholas denominam-se *paradores*. Os edifícios foram restaurados ou até mesmo reconstruídos e possuem profundo significado histórico, artístico ou ambiental.

Ficar no *parador* San Marcos, em Leon, ou no Reis Magos, em Santiago de Compostela, são experiências singulares. No Teide, o *parador* tem valor ambiental e sua característica é estar a dois mil e duzentos metros de altura em meio ao nada, pois é a única construção dentro do parque nacional que cerca o vulcão. À noite, o silêncio e a escuridão são absolutos. Após um dia de caminhadas e overdose de oxigênio puro, é ótimo jantar no aconchegante restaurante, acompanhado por vinho tinto. Na Espanha, as pessoas jantam tarde da noite. O organismo tende a se acostumar, mas é bom não exagerar se já se chegou à desagradável idade dos "refluxos".

Faça a reserva bem antes

Por toda a Europa, descobre-se essas preciosidades usando o guia *Michelin*, por exemplo. Se for em alta temporada (verão), é obrigatório fazer reservas de hospedagem. Se for no outono/inverno dá para arriscar a sorte, geralmente com bons resultados. Se quiser ir aos restaurantes com três estrelas do guia *Michelin*, reze para seu protetor preferido porque as reservas são feitas com meses de antecedência, a não ser que você seja muito bem relacionado com os poderosos locais e esses consigam abrir espaço nas agendas severas desses restaurantes.

Tentar ir aos restaurantes de Ferran Adria ou Santi Santamaría, os chefes triestrelados da Espanha, pode ser frustrante. Por exemplo, o restaurante de Ferran Adrià, globalmente famoso, chama-se "elBulli" e localiza-se poucas horas de carro a leste de Barcelona. As reservas têm de ser feitas, às vezes, com um ano de antecedência. Não é muito diferente nos restaurantes de Santi Santamaría, os Sant Celoni, um na Catalunha, outro em Madri.

Porém, não custa nada tentar. Pode ser que naquela noite tenha ocorrido cancelamento de reservas e exista uma mesa disponível para você. Mas lembre-se de que existem os restaurantes com uma ou duas estrelas e os milhares de lugares "não estrelados" mas gostosos e econômicos, esperando apenas serem descobertos por turistas aventureiros e criativos. Isso vale para as Américas, Ásia e Oceania.

Agora, se você for a Beirute, jante no Al Mandaloun Sur Mer e descubra por que a cidade possui uma tradição milenar de sofisticação em serviços, aglutinando o melhor da Europa e do mundo árabe. É um restaurante amplo, com mesas dispostas ao ar livre. São especialistas em peixes, frutos do mar e em encantar os comensais.

A arte de flanar

Mas nem só de restaurantes e bares vive o ser humano. O poeta francês Charles Baudelaire foi um dos primeiros ocidentais a escrever sobre as delícias de se flanar em uma cidade. Ele referia-se a Paris do século XIX, realmente um cenário espetacular para se andar à toa, mas o fato de perambular sem destino ou horário por uma cidade qualquer (desde que atrativa, é óbvio) possibilita muitas sensações.

Andar ou viajar são artes que precisam ser desenvolvidas pela pessoa por suas próprias experiências. O filósofo suíço Alain de Botton levou isso tão a sério que escreveu *A arte de viajar*. Mas o que é tão importante no caminhar pelas ruas de uma cidade desconhecida? Ter *O olhar do turista* (título de livro escrito por John Urry), ou seja, desligar-se de compromisso e se abrir para o inesperado, para o insólito. Cidades como Nova York, São Paulo, Amsterdã, Buenos Aires, Hong Kong ou São Francisco são verdadeiros palimpsestos urbanos.

> **Palimpsesto.** São papiros ou pergaminhos que foram raspados mais de uma vez para se escrever por cima de um texto antigo. Às vezes é possível vislumbrar um texto sob outro, em geral rudimentos.

As cidades se prestam a esse exercício de descoberta. Por exemplo, quem quiser conhecer as culturas alternativas de São Paulo, pode vagar por bairros mais ou menos distantes ou ir à Galeria do Rock, no início da Avenida São João, e mergulhar em um mundo de *rappers*, *clubbers*, roqueiros clássicos, *punks*, satanistas, góticos, skatistas, *tattoos* e outros alternativos. Todos em um mesmo lugar.

Qualquer grande centro urbano proporciona essa variedade cultural. As ruas e os becos de Amsterdã e Buenos Aires, para citar apenas duas cidades, escondem lojinhas, galerias, subterrâneos, mercados e praças internas onde a vida acontece em suas múltiplas formas. Se você for a Rabat ou Marrakech, no Marrocos, tem de caminhar pelo labirinto dos velhos *sukhs* (mercado árabe) e, em Damasco, na Síria, nas vielas da cidade antiga.

É possível que você se perca? Na verdade, o bom é exatamente se perder, para sentir algo novo sob o sol, longe da mesmice turística *fake* destinada aos basbaques que se contentam com um olhar óbvio ao mundo. Há de se tomar dois cuidados: com assaltos e com comida ou bebida contaminada. O resto é festa. As ruas estreitas e escondidas guardam sebos de livros, galerias de arte, antiquários, lojas de artesanato, bijuterias e joias.

Se estiver em Nova Orleans, vá aos cemitérios da cidade, imortalizados em muitos romances de terror, como os de Anne Rice e seu famoso vampiro Lestat. Dos cemitérios, vá às ruas transversais à Bourbon Street para sentir o pulso da cidade em uma de suas principais artérias. Se quiser descobrir de maneira divertida os segredos de Amsterdã, comece a caminhar a partir da Central Station. Pare em um *coffee shop* qualquer e depois deixe se perder também pelas ruelas que ficam à esquerda de quem sobe a avenida principal que sai da estação (se você ainda souber onde é a esquerda).

Cinco dicas para o viajante

- Há sites e guias para quase tudo o que você quiser fazer em viagens. Leia, pergunte, planeje o básico e depois saia sem destino, mas com bom-senso.
- Se alugar um carro, dirija com tranquilidade e segurança; você não conhece as estradas locais e a última coisa que precisa é de um acidente mais ou menos grave no fim do mundo.
- Faça seguro de viagem contra perda de bagagem, acidentes, doenças e morte. É desagradável – e caro – pagar hospital ou enterro em outro país.
- Leve pouca bagagem e planeje bem o essencial que deve ser carregado. Viajar com malas, pacotes, sacolas e tralhas é desconfortável e bastante jeca. Tente despachar algumas coisas se você realmente quiser comprá-las (nos Estados Unidos e Canadá é facílimo e barato despachar livros e outras coisinhas liberadas pela alfândega, informe-se antes dos detalhes burocráticos).
- Pode até economizar na hospedagem, mas reserve dinheiro para ficar uns dias em hotéis ou alojamentos de boa categoria. Se for uma viagem mais longa, esse presente que você se dará servirá para descansar e melhorar o humor. Bons hotéis ou restaurantes resolvem muitas crises existenciais.

Em Praga, a segunda cidade mais linda da Europa depois de Paris (alguns acham Veneza), entre no antigo cemitério judaico onde as lápides caídas são cobertas por árvores centenárias e cercadas por antigos prédios. Depois procure com paciência (se você não fala tcheco vai precisar) o novo cemitério judaico, longe do centro, onde está enterrado Franz Kafka, e aproveite para ver a cidade sob outros olhos.

Se puder, não fique restrito aos hotéis. Em toda Europa oriental, pode-se usar os *private rooms*, apartamentos alugados aos turistas diretamente por seus proprietários, o que possibilita viver uns dias como cidadão local.

Nos aeroportos e nas estações ferroviárias, há os pontos de informação com hotéis, restaurantes, passeios e *private rooms*. Viver uns dias em um mesmo lugar significa descobrir onde comprar pão, qual o melhor bar, caminhar até o ponto de ônibus ou metrô, eventualmente cumprimentar ou conversar com os vizinhos. Londres vista de um hotel é completamente diferente da cidade vivenciada em um *flat,* como se fosse um residente. Um turista em imersão, como eu denomino. Aí as pequenas e charmosas facetas da cidade vão se mostrando, se desdobrando, ao olhar estrangeiro.

Quem diria que um dos melhores restaurantes de peixe de Nova York fica embaixo da Central Station, com entrada pela Rua 42 leste? Ou que as melhores lojas de quadrinhos e tudo o que se refere à cultura popular estão no Boulevard Saint Germain, em Paris, perto da Notre Dame? Quem descobre as lojas de mapas e globos raros em Londres, perto no Museu de História Natural? Ou as lojas de roupas descoladas nos becos em volta da Rambla de Barcelona? Aqueles que gostam de caminhar longe dos guias e roteiros turísticos convencionais.

Se descobrir essas curiosidades na área urbana já é emocionante, imagine no campo. É ótimo dirigir um carro e ir encontrando surpresas em vilarejos, parques, bosques, povoados à beira-mar ou nas montanhas. Tomar uma sopa de *centollas*, acompanhada por um pão caseiro quentinho e vinho tinto, é melhor no extremo sul da Patagônia (pode ser no Chile ou na Argentina) do que em Santiago.

Informação e mente aberta são fundamentais. Algumas pessoas não gostam dos Estados Unidos (ou de outros países) porque foram mal-orientadas, ou não receberam informação alguma. Por exemplo, na Califórnia, ao norte de São Francisco, a poucas horas de carro, estão localizadas Napa Valley e Sonoma Valley, as regiões vinícolas do país. São cidadezinhas perfeitas para se ver e passear. Por ser uma região produtora de vinhos, vários restaurantes foram constituídos para unir a gastronomia à enologia.

O único detalhe importante é "se beber, não dirija" mesmo, porque a legislação de trânsito norte-americana é extremamente severa. Em Greystone, Napa Valley, está uma filial do The Culinary Institute of America (CIA), ponto ideal para almoçar ou jantar. Esse instituto é a melhor escola de gastronomia da América do Norte. Sua sede localiza-se na cidadezinha de Hyde Park, a umas duas horas de trem de Nova York. Foi aí que o chefe Anthony Bourdain, autor do escandaloso livro *Cozinha confidencial*, estudou para aperfeiçoar suas práticas culinárias. O edifício era um antigo seminário católico dos jesuítas, que foi comprado e transformado em um complexo com vinte cozinhas pedagógicas, cinco restaurantes, alojamento para estudantes e um prédio anexo com uma imensa biblioteca especializada em gastronomia, nutrição, bebidas e áreas concernentes.

Todo cuidado é pouco

- Leve os remédios que estiver tomando com você, devidamente acompanhados do receituário fornecido por seu médico. Há remédios considerados drogas psicoativas e proibidos em vários países.
- Não beba álcool ou use outras drogas onde não for permitido. Há vários filmes mostrando turistas desavisados sendo presos ou condenados à morte por tráfico de drogas. Claro que isso o deixará mais célebre em seu país do que participar de um *reality show*, especialmente se eles cumprirem a sentença prometida.
- Evite lugares conflagrados onde eles sequestram turistas estrangeiros. É um meio ainda melhor para ficar célebre, o problema é que provavelmente você não estará vivo para desfrutar da fama.
- Nem pense em levar pacotes, embrulhos ou encomendas para desconhecidos e nem para conhecidos. Se alguém quiser que você leve algo – e você concordar com esse absurdo – peça que entreguem o volume aberto e olhe cuidadosamente o conteúdo.
- Não leve material pornográfico ou considerado subversivo em países ditatoriais. Você pode ter problema na alfândega.
- Não leve – ou traga para o Brasil – plantas, sementes ou animais a menos que estejam devidamente documentados, autorizados e vacinados. Aliás, não sei para que carregar essas coisas, a não ser por motivo de mudança ou se você for pesquisador, mas aí o melhor é despachar.

Em Hyde Park estão os restaurantes American Bounty (gastronomia norte-americana), Apple Pie Bakery Café, Escoffier Room (comida francesa clássica), Caterina di Medici (italiano clássico) e St. Andrews Café. É nesses restaurantes que os famosos chefes educadores, com seus alunos severamente instruídos, preparam delícias que são servidas à comunidade, desde que se faça reserva previamente.

Lembre-se de que o jantar nos países anglo-saxônicos termina às nove horas da noite (às dez nas sextas-feiras e sábados), portanto, uma boa hora para se chegar é às sete da noite, horário absolutamente estranho para brasileiros, argentinos e espanhóis. Em Greystone, na Califórnia, o restaurante da CIA chama-se The Wine Spectator Greystone Restaurant e possui uma carta de vinhos premiada. Os preços, inclusive dos vinhos, são bem razoáveis. Um bom vinho por vinte dólares a garrafa é mais barato em termos absolutos que o seu equivalente em um restaurante brasileiro, em reais.

Não deu para reservar o restaurante? Pergunte na própria escola qual *casa de pasto* (restaurantes onde são servidas refeições a baixo custo) eles sugerem na região. Vários ex-chefes abriram seu estabelecimento nas vizinhanças e isso significa lugares especiais para se comer, degustar vinhos locais e admirar as paisagens. As escolas da CIA devem ser visitadas, mesmo que não consiga reserva para almoço ou jantar, pelas instalações em si e pelas lojinhas. Nelas existe todo tipo de livros sobre gastronomia e bebidas, além de utensílios, roupas e decorações para cozinha, inclusive artefatos que você não imagina que existam e podem facilitar sua vida doméstica, além de impressionar as visitas curiosas.

No processo de descobertas, incluem-se ainda pequenos templos religiosos, ruínas históricas, sítios arqueológicos, vilarejos decadentes, cidadezinhas situadas no "fim da linha" de qualquer meio de transporte. São lugares onde a história deixou fortes marcas e pode existir, ainda, uma pré-modernidade a envolvê-los. Para o viajante, são raridades. O planeta foi sendo coberto pela malha da modernidade e às vezes é difícil encontrar algo mais "legítimo" ou "puro", apesar desses conceitos poderem ser mal compreendidos ou utilizados, eventualmente até mesmo por alguns intelectuais, geralmente por preconceitos ideológicos ou nacionalismos rasteiros.

Porém, é possível encontrar espaços que conservaram suas características próprias e vivem bem nesse contexto. As vilas da Escócia são exemplos de como viver bem com o passado e com o presente. Um lugar antigo que me impressionou foi Petra, na Jordânia. Estive em um congresso de turismo e ficamos lá hospedados no Sofitel, um hotel que restaurou um vilarejo em ruínas e instalou os confortos modernos em uma estrutura seminômade muçulmana.

Na primeira noite da estada, levaram nosso grupo até as portas de entrada do sítio arqueológico e, em silêncio respeitoso, caminhamos sob a luz de velas dispostas nos dois lados da trilha por entre os paredões escarpados de rochas. De repente abriu-se um imenso espaço em um anfiteatro e à frente estava o templo principal de Petra, uma fachada que lembra uma igreja cristã oriental, escavada manualmente antes mesmo que o cristianismo surgisse. Ao caminhar por entre as velas, no silêncio e sob as estrelas, cheguei ao pé do templo. Coloquei uma mão na coluna de pedra que sustentava o frontispício esculpido e fui obrigado a me identificar e a reverenciar os construtores e arquitetos que conseguiram, milhares de anos depois, impressionar seres humanos vivendo em uma sociedade com a qual eles sequer podiam sonhar.

Últimas dicas antes de embarcar

- Leve sempre alguns livros agradáveis para ler no caso de atrasos, greves ou outros imprevistos que podem deixá-lo esperando horas ou dias. Aliás, sempre é bom ler, mesmo em condições normais, para ampliar seu mundo interior.
- Se tiver paciência e a viagem for interessante, faça um diário. No futuro você se divertirá relembrando e poderá recuperar informações, memórias e sensações.

Vivenciar essas sutilezas e discretas manifestações da natureza e da cultura é também se defrontar com a humanidade no que ela possui de sensível. É claro que existe emoção nos grandes templos e monumentos, mas encontrar algo assim no deserto, no meio da floresta, ou no topo de uma colina arborizada à beira-mar (lembro de Tulún, na península de Yucatán, México), no silêncio que o tempo legou, é uma experiência mais profunda. Talvez mística, se você acredita em algo transcendental; certamente significativa, se você consegue identificar-se com a sua espécie sobre o planeta.

Temos um tempo e um espaço limitados para experimentar nossa vida. Podemos fazer isso de um modo mais profundo e significativo. A natureza e a cultura são bens que aguardam ser garimpados em sua plenitude. Boa coleta de memórias.

Museus imperdíveis
para você desfrutar

Jaime Pinsky

Entrar no Louvre já é uma experiência inesquecível. Num dos extremos do Jardim das Tulherias, uma imensa pirâmide de cristal abre suas portas para o visitante que desce até o andar térreo por uma escada rolante. Chegando lá embaixo, não hesite: pegue a escadaria que leva à ala Denon e suba todo o primeiro lance de degraus. De repente você dá de cara com a *Nike*, ou *Vitória de Samotrácia*. Se não der para ver mais nada no Louvre, se não der para ver mais nada em Paris, namore a *Vitória* por meia hora. Depois disso você nunca mais será o mesmo, pois terá visto uma das maiores obras do gênio humano. Esculpida no período helenístico, ela conversa conosco como se tivesse sido talhada no mármore hoje. Sua beleza e sensualidade deslumbraram e continuam deslumbrando milhões de homens e mulheres ao longo desses mais de vinte séculos desde que foi criada. Vê-la, senti-la, nos deixa mais humanos.

É principalmente para isso que servem os museus: ao nos revelar o gênio enrustido que carregamos, como membros da espécie humana, eles nos permitem perceber que somos depositários do imenso patrimônio cultural que nossos ancestrais construíram. Afinal, é a cultura, e não a capacidade de organização, que nos distingue de todos os demais animais da Terra. Organizadas são as formigas e as abelhas, construtores são o joão-de-barro e o castor, hábeis são os macacos e os cães, mas apenas os humanos são capazes de produzir, sistematizar e transmitir cultura. Os museus permitem que se estabeleça uma aproximação de cada um de nós com todo o patrimônio cultural da humanidade.

Visitar museus não é uma obrigação chata, tarefa para dias chuvosos. Nem privilégio de meia dúzia de intelectuais de feição sisuda e óculos com lentes grossas. Como seres humanos livres, temos de exercer nosso legítimo direito de conhecer os museus.

E como vale a pena...

> **Museu.** A palavra "museu" tem origem grega e significa "templo das musas". Em Alexandria, o termo "mouseîon" já era usado para designar o local destinado ao estudo das ciências e das artes.

Grandes museus

Quais são os grandes museus do mundo, os imperdíveis? Elegê-los não é tarefa fácil, depende de quem somos e do que buscamos. Um museu grande nem sempre é um grande museu e pequenas joias não se pode deixar de conhecer. Alguns como o Louvre, em Paris; o Museu Britânico, em Londres; o Metropolitan, em Nova York, parecem se impor. Mas o que dizer do Hermitage, de São Petersburgo; do Prado e do Rainha Sofia, em Madri; do Vaticano, no próprio; sem falar dos temáticos, como o Picasso, do Marais, em Paris; do Van Gogh, em Amsterdã; do Museu de História Natural, em Nova York; do Museu de Israel, em Jerusalém; do Museu Antropológico, na Cidade do México? Há museus ao ar livre – Roma é um museu a céu aberto; na Normandia, norte da França, há importantes museus "do desembarque", em que fotos e documentos interagem com restos de navios utilizados no dia D. Há museus debaixo da terra, como o de Altamira, em Santillana del Mar, na Cantábria, Espanha. Há museus do automóvel, do trem e do avião, da tortura e da deportação, do vinho e da cachaça, da vida marinha e da vida cotidiana. Tem para todo mundo.

Os que estão aqui representam uma escolha pessoal e eclética que quero compartilhar com o leitor. Evitei ficar apenas com os óbvios, busquei contemplar diferentes países e procurei lembrar museus bem diferentes. Garanto que todos eles valem a visita.

O Louvre

A *Mona Lisa*, de Leonardo da Vinci, está no Louvre, assim como a *Vênus de Milo*, *A bela jardineira*, de Rafael, a pedra com o *Código de*

Hamurabi, *O escriba sentado* (um burocrata de 45 séculos), do Egito Antigo, o *Touro alado*, da Assíria, e por aí afora.

O acervo do Louvre, inaugurado em 1793, origina-se, principalmente, do butim colonial realizado pela França em países da Ásia e da África e de expropriações executadas pela Revolução Francesa junto aos nobres e à família real. O objetivo dos revolucionários era o de permitir que todos desfrutassem as obras de arte que, até então, tinham sido privilégio de alguns. E, de fato, o Louvre recebe mais de cinco milhões de visitantes por ano!

Dividido em três grandes alas (Sully, Denon e Richelieu), o Louvre é, na verdade, um conjunto de museus, um acervo fantástico que vai de antiguidades egípcias e orientais à arte grega e romana, de objetos medievais a esculturas, além de pinturas e vestígios da cultura material de diferentes épocas.

As três grandes alas do Louvre, Sully, Denon e Richelieu, levam o nome de grandes funcionários do estado francês. Duque de Sully foi ministro da fazenda de Henrique IV; Vivant Denon, primeiro ministro do Museu Central de Arte durante o reinado de Napoleão I; e o cardeal Richelieu foi ministro de Luís XIII.

Claro que se pode fazer como o humorista americano Art Buchwald e visitar o Louvre em seis minutos, tempo que ele dizia ser suficiente para dar uma espiada na *Vitória de Samotrácia*, na *Vênus de Milo* e na *Mona Lisa*, segundo ele, as mais importantes do museu. Bobagem: ficar só nas três obras, embora maravilhosas, é perder a oportunidade de contextualizá-las. Leonardo da Vinci pode ser mais bem compreendido após se conhecer Giotto, Fra Angélico, Botticelli e tantos outros gênios que marcam presença nas galerias do museu. A *Vênus de Milo*, obra do período clássico grego, e a *Vitória de Samotrácia*, já da era helenística, serão muito melhor apreciadas se nos dermos conta da evolução da arte grega, desde as esculturas de pose estática, até as maravilhas de mármore que parecem estar vivas ainda hoje.

Também se pode fazer como alguns turistas valentes e fisicamente bem preparados, que se propõem a conhecer "o Louvre inteiro" num só dia. Também bobagem: querer ver tudo implica cansaço físico e mental, pessoas se arrastando diante de obras de arte como se estivessem cumprindo uma penitência, formas e cores extraordinariamente elaboradas por grandes artistas não merecendo senão uma olhadela. Afinal, o Louvre tem nada menos que 30 mil obras! Se você não encontrar ninguém pelo caminho, nem hordas de escolares ou grupos infindáveis de japoneses e chineses com respectivos guias, e conseguir assimilar 42 obras de arte por minuto (!), levará algo como doze horas para percorrer as galerias dos trinta mil metros quadrados de museu. Assim, é melhor ir com calma. Programe-se para ver as obras de referência (afinal, todo mundo vai perguntar se você as viu, quando voltar) e escolha alguma área de interesse para olhar com calma, seja a dos vasos gregos, das múmias egípcias ou das pinturas renascentistas.

Dez atrações imperdíveis do Louvre

Mona Lisa – Leonardo da Vinci
Vênus de Milo – Grécia Clássica
O livro dos mortos – Antigo Egito
O escriba sentado – Antigo Egito
Morte de uma virgem – Caravaggio
A liberdade conduzindo o povo – Delacroix
Rendeira – Vermeer
Betsebé no banho – Rembrandt
A bela jardineira – Rafael
Cristo na cruz – El Greco

O Vasa

O Vasa, em Estocolmo, é um museu muito especial: ao contrário dos outros, com milhares de objetos, ele gira em torno de um único objeto, um navio. Mas que navio!

Em 10 de agosto de 1628 saíram do porto de Estocolmo vários navios, um dos quais era considerado uma verdadeira obra de arte. Pesando mil e duzentas toneladas e medindo quase setenta metros de comprimento, o Vasa era bem maior do que os demais, uma verdadeira maravilha da engenharia naval. Quatrocentas pessoas trabalharam na sua construção, e todo o processo, da derrubada das árvores até a última demão de tinta, está reproduzido no museu, em pinturas e simulações diversas. O próprio Gustavo Adolfo II, então rei da Suécia, tinha ordenado sua construção.

Assim, o imponente navio sai do porto com 150 tripulantes. Mal começa a navegar, uma rajada de vento o desequilibra. Ele se endireita, mas não resiste à segunda rajada, que o inclina completamente. A água começa a entrar pelas canhoeiras abertas – uma salva dos canhões tinha sido disparada para comemorar a navegação da obra-prima que levava o nome da família real – e rapidamente o navio afunda, levando para o fundo do mar algumas dezenas de marinheiros.

Um dos motivos atribuídos ao naufrágio do Vasa é o número elevado de canhões a bordo. Após a elaboração dos projetos originais, o rei sueco Gustavo Adolfo II ordenou que fossem instalados mais canhões do que o previsto, o que provocou a instabilidade e o desequilíbrio da embarcação.

Novas notícias do Vasa só foram ouvidas mais de trezentos anos depois, quando Anders Franzén se dispôs a procurá-lo nas águas salobras do Báltico. Acabou por encontrá-lo, e em excelente estado, uma vez que o casco de madeira não tinha sofrido a ação dos vermes que proliferam em águas mais salgadas. Mesmo as esculturas feitas para adorná-lo, mais de setecentas, estavam no fundo do mar e de lá foram retiradas. O navio foi delicadamente içado, cuidadosamente reconstituído e submetido a um processo de adequação à vida fora da água.

O resultado é impressionante: o casco parece ter sido pintado hoje, os canhões estão prontos para atirar e as numerosas obras de arte do palácio flutuante (leões, heróis bíblicos, criaturas marinhas, divindades gregas) foram recolocadas em seus lugares de origem, após serem recuperadas e pintadas de acordo com sua aparência original. Não há nada semelhante no mundo inteiro.

Se você viajar com crianças ou adolescentes, não deixe de conhecer esse museu, que fica numa das cidades mais lindas do mundo, Estocolmo. E o melhor, o Vasa fica numa ilha que reúne um complexo de entretenimento e lazer que inclui um museu ao ar livre, com personagens tiradas de contos infantis e um enorme parque de diversões. Se você estiver sem crianças, não se acanhe. E não tenha preguiça: vale a pena caminhar uma horinha, do centro da cidade até a ilha de Djurgarden. Lá existem faixas para pedestres, os motoristas são educados, a cidade é plana e amigável.

O Hermitage

Se você não é neófito em matéria de viagens e de museus, o que está esperando para conhecer o Hermitage, em São Petersburgo? Localizado na região mais nobre da cidade, às margens do rio Neva, o Hermitage ocupa o antigo Palácio de Inverno dos czares e uma série de edifícios contíguos que fazem o luxuoso Palácio de Versalhes, dos Luízes, parecer um conjunto residencial barato. De fato, os ocidentais não conseguem imaginar o poder e o talento que os Romanof – a família real russa – tiveram para concentrar riquezas à custa da miséria da maioria de seus súditos.

E aqui, o próprio palácio é uma enorme atração. Foi na parte do edifício destinada a recepções oficiais (conhecida pelo nome francês *Ermitage*, o refúgio do ermitão) que a imperatriz Catarina II, ainda no século XVIII, começou a colocar suas coleções de arte. Seus sucessores deram continuidade à sua iniciativa e o museu foi ganhando corpo e legitimidade. Teve a sorte de não ter sido saqueado durante a Revolução Russa de 1917, nem destruído por ocasião do cerco de Leningrado (o nome da cidade durante o regime soviético), embora os alemães tenham chegado a poucos metros dele durante a Segunda Guerra Mundial.

Os russos têm grande orgulho do museu e, nos últimos anos, estão cuidando de dotá-lo de infraestrutura melhor, uma vez que até há pouco ele se ressentia da ausência de banheiros limpos, cafés e lanchonetes, além de cortinas que impedissem que a luz do sol incidisse diretamente nas obras de arte.

E o que tem o Hermitage? A se acreditar nos números oficiais, seu acervo é várias vezes maior do que o de qualquer outro grande museu do mundo, com cerca de três milhões de itens! É verdade que grande parte dele encontra-se encaixotada nos porões, e outra vem sendo alugada para exposições no mundo todo (inclusive no Brasil) para fazer caixa, mas mesmo assim seu acervo é fantástico e inclui uma das melhores coleções de Rembrandt do mundo inteiro, assim como impressionistas de fazer inveja ao Museu D'Orsay, de Paris.

Mas não é só. Lá estão fantásticos vasos gregos de diferentes períodos, importantes obras de modernos como Matisse e Picasso, pintura de espanhóis como El Greco e Velásquez, surpreendentes paisagens brasileiras retratadas por mestres holandeses. Tudo isso ao lado de salas decoradas com móveis franceses e ingleses e tetos pintados em ouro ostentando delicadíssimos lustres de cristal.

E para terminar, não deixe de visitar a sala dos cavaleiros, onde luzidias armaduras dos séculos xv e xvi, algumas montadas em cavalos engalanados, nos dão uma ideia da arte da guerra na Europa ao longo da história.

Depois, caminhe algumas horas ao longo do Neva e dos canais desta que é uma das cidades mais lindas do mundo. Veja uma das mais impressionantes esculturas equestres, a do Czar Pedro (que fundou a cidade em 1703). E volte com sua bagagem cultural enriquecida por um mundo que a globalização ainda não engoliu.

 Por que não posso fotografar ou tocar nas obras expostas em um museu?

Quando tocamos em um objeto qualquer, ele se desgasta. Um desgaste mínimo, é verdade. Mas, no caso de um museu, que é visitado por milhares de pessoas a cada ano, se toda pessoa tocasse em seus objetos, em pouco tempo esse desgaste seria visível. No caso da fotografia, a luz dos flashes desbota e também desgasta os objetos expostos, pois contém raios ultravioletas, iguais àqueles emitidos pelo sol, ainda que em menor quantidade.

O "Met" e o Museu de História Natural

Nova York é bem mais do que ser consumidor deslumbrado de produtos chineses vendidos nas lojas de grife, marcar encontro na esquina das ruas *Walk* com *Don't walk*, ou assistir a musicais que nem caipiras americanos suportam mais. É mais também do que fazer ótimos programas como passear no Central Park, comer o sanduíche Woody Allen no Carnegie Deli, visitar a livraria Barnes & Noble, ou ficar ouvindo CDs clássicos na Tower Records, pertinho do Lincoln Center.

Nova York, além disso tudo, é a cidade de fantásticos museus. Tem o Moma e o Guggenheim, para quem gosta de arte moderna e contemporânea (sendo que o primeiro tem Picassos e o segundo Modiglianis e Chagais impressionantes), a Frick Collection, que mostra o gosto da ascendente burguesia nova-iorquina do final do século XIX (esmaltes de Limoges, móveis franceses, tapetes orientais etc.), e muitos outros. Mas tem o Metropolitan e o Museu de História Natural, ambos imperdíveis para alguém que quer se apresentar como culto e elegante.

O Metropolitan – ou "Met", só para os íntimos – é um museusão, tipo Louvre, Museu Britânico ou o Hermitage, mas com algumas especificidades. Fundado em 1870 por um grupo de ricaços de bom gosto com a ajuda de artistas, tinha o objetivo explícito de concorrer com os grandes museus da Europa. Como seu acervo não se originou em saques coloniais, muito dinheiro foi gasto na sua constituição. Seu prédio atual, construído em 1880, dá frente para a Quinta Avenida e fundos para o Central Park. Sua grande escadaria abriga turistas cansados, executivos e funcionários de escritórios que engolem cachorros-quentes comprados nos carrinhos que por lá proliferam, e jovens que usam os degraus como ponto de encontro.

O Met tem uma coisa simpática: o *ticket* de entrada tem preço sugerido, não determinado. Assim, se você colocar diante do caixa uma nota de um dólar e pedir dois ingressos, será atendido. Mas não faça isso, a não ser que não possa pagar mais. Gastar em museu é bem mais digno, embora não faça tão bem à pele quanto gastar em cremes.

Lá dentro você pode visitar arte europeia, grega e romana, medieval, do Terceiro Mundo (ops! é arte da África, Oceania e Américas), enfim, um cardápio vasto e de muito boa qualidade. Gosto muito de rever os *Jogadores de cartas*, de Cézanne; Edward Hopper, o maravilhoso pintor americano que retratava pessoas sozinhas, mas não necessariamente solitárias; Rembrandt, sempre (embora os melhores estejam em Amsterdã e no Hermitage); o merecidamente "redescoberto" Vermeer, além de arte cotidiana do Egito faraônico e *design* moderno.

Não perca a oportunidade de tomar na cafeteria do museu um chá gelado ou uma taça de vinho branco acompanhando o sanduíche de salmão defumado, alface e pequenos camarões recheando um pão árabe muito fresco. Se não mudou o cardápio...

O Museu de História Natural é programa obrigatório para quem gosta de dinossauros, baleias, teorias sobre o desenvolvimento da humanidade e etnografia. Fundado em 1869, fica defronte ao Central Park, ocupando as quadras que vão da Rua 77 até a 81. O que temos o direito de ver com o *ticket* pago é apenas uma pequena parte do acervo, que é estudado por mais de duzentos cientistas contratados (inclusive Indiana Jones, pelo que dizem). São mais de trinta milhões de espécimes animais e quinhentas mil folhas catalogados, além de seiscentos fósseis, as estrelas do museu. São ossadas para sobrinho nenhum botar defeito (seja legal, leve o seu). Vale a pena ficar sentado olhando a garotada se admirar, enquanto fingimos uma indiferença que não sentimos diante daqueles monstros do passado.

Não deixe de admirar a baleia azul, assustadora, na sala dos "frutos do mar". Veja e compreenda práticas culturais tão diferentes das nossas, mas que merecem tanto respeito quanto. Isso depois de superar o susto que o imenso barossauro, que fica no saguão da entrada, provocou. Vire criança e não saia de lá intrigado com o futuro da humanidade, a consciência de morte que temos e que nos deixa angustiados e por aí afora.

E, antes de ir embora, passe pela loja do museu para comprar umas gravatas estampadas com borboletas ou vespinhas. Ajuda o museu e avisa aos colegas de trabalho se você está leve e solto ou quer ferroar quem vier pela frente.

O Museu de Israel

Se não tivesse mais nada a não ser os *Manuscritos do Mar Morto*, o Museu de Israel já seria um dos principais do mundo. Situado numa região tranquila de Jerusalém (existe, sim), é dotado de um conjunto de edifícios construídos especialmente para abrigar suas várias alas. A primeira a ser visitada é o acervo arqueológico, sempre em evolução, uma vez que representa o estado da arte das pesquisas feitas no país. Dispostos cronologicamente, os objetos mostram a existência de organização social na região milhares de anos antes da presença dos hebreus por lá. É interessante conhecer também o período cananeu, imediatamente anterior a vinda dos israelitas, e finalmente a presença destes, a partir de 1200 a.C. Foi então que as tribos se estabelecem na região (uma parte vinda do Egito) e se organizam em reino, dois séculos depois. Em seguida, já com o rei Salomão, constroem o templo, que seria destruído por Nabucodonossor em 586 a.C.

Objetos de todos esses períodos ainda mostram a influência dos povos vizinhos, desde assírios e egípcios até persas, gregos e romanos, mais tarde. Imperdível.

O acervo do museu deixa claro que, durante muito tempo, por razões religiosas, os judeus não reproduziam seres vivos e sequer objetos da natureza (o medo da adoração ao Bezerro de Ouro, levada ao pé da letra). Porém, ao romper o espaço limitado da aceitação literal às supostas determinações divinas, pintores de origem judaica como Chagall, Modigliani, Pissaro e muitos outros explodiram as telas com cores e formas represadas por séculos.

Os *Manuscritos do Mar Morto* têm sido chamados de rolos, pois foram escritos em pergaminhos, que colados, pedaço a pedaço, eram enrolados para formar um livro. Eles estão alojados em um edifício que busca, exatamente, copiar a aparência de um rolo sagrado, bíblico. É um prédio não muito grande, parte dele enterrado, cuidadosamente preservado, com temperatura e umidade rigidamente controladas. Encontrados a poucos quilômetros de Jerusalém, em uma caverna ao lado do Mar Morto, por um pastor de cabras, os documentos levantaram esperanças e temores, principalmente entre judeus e cristãos do mundo todo. E se fosse provado que os essênios foram os primeiros cristãos? E se houvesse referência explícita à figura de Jesus? E se não houvesse nenhuma referência a ele, seria uma prova contra sua historicidade? Raras vezes um conjunto de documentos históricos provocou tanta tensão.

Se você já foi a Jerusalém e não conheceu o Museu de Israel, faça isso na próxima viagem. Se ainda não foi a Jerusalém, o que está esperando? E para os compulsivos, a loja do museu é muito sortida e os preços são acessíveis.

O Museu de Israel tem hoje uma das melhores e mais conceituadas coleções da arte dadaísta e surrealista do mundo. Isso se deu, principalmente, graças ao poeta Arturo Scharwz, que ofereceu ao acervo do museu sua coleção privada, com mais de setecentas pinturas, desenhos, colagens, esculturas, objetos e gravuras.

O Museu Britânico

O Museu Britânico é público e não cobra entrada: segundo os ingleses, ele faz parte da educação fundamental a que todos devem ter acesso. Ao contrário de vários outros, não fica defronte a uma praça, ou à beira de um rio. Mas já possui uma cafeteria elegante recém-construída. E é imperdível.

O Império Britânico foi o mais poderoso do século XIX, período em que os saques coloniais mais se realizaram. Assim, pedaços da história das culturas orientais e clássicas só podem ser entendidos se conhecermos o Museu Britânico.

Não deixe de visitar as múmias, tanto as dos animais como as humanas. Com ou sem sarcófago, com linho estreito ou largo, à vista ou pudicamente enroladas, as múmias contam-se aos montes. Adolescentes adoram. A gente também. Além delas, veja tudo o que se refere ao mundo egípcio desde antes da unificação das coroas até o final da era dos faraós. Não deixe também de conhecer, é claro, a famosa Pedra da Roseta, aquela que Champollion decifrou e permitiu que, no século XIX, se conhecesse a linguagem dos hieróglifos.

Visite também os búfalos alados com rosto humano, em pedra, que guarneciam o palácio de Sargão II, em Nínive, na Assíria. São impressionantes. Aproveite e veja (estão por perto) os maravilhosos relevos com os arqueiros persas e objetos da região (hoje Irã e Iraque), desde joias até instrumentos e ferramentas de uso cotidiano.

Você pensa que o Partenon está na Acrópole, em Atenas? Já esteve, não está mais. Ou melhor, está, mas pelado. Suas esculturas encontram-se todas no Museu. É só procurar a sala 18, a dos chamados Mármores Elgin. São algumas das melhores obras, feitas pelos melhores escultores, do melhor período da arte grega. Mesmo que você não goste de cavalgar, vai ficar maravilhado com as cabeças de cavalo que foram arrancadas do local de origem e levadas para o Museu Britânico. Vai perder?

Outros museus

Não poderia deixar de indicar alguns outros museus que me marcaram profundamente.

Em Florença, a Galleria degli Uffizi, que foi criada por Francisco de Medici no século XVI e tem algumas das principais obras do Renascimento italiano, como *As Três Graças*, de Botticelli. O difícil é sobreviver à fila ao relento, entre motoristas sem educação e "vespas" com escapamento aberto zunindo sem parar.

Em Paris, o Museu D'Orsay, construído numa antiga estação de trem, contém tesouros para quem se liga em impressionistas e seus parentes próximos. E fica em frente ao Louvre, é só atravessar o Sena e dar alguns passos. Se passar perto de Grenoble, conheça o Museu da Resistência e da Deportação. É uma lição inesquecível a respeito de opressão, resistência, conformismo, oportunismo. Mais que rico, é um museu inteligente. Você merece.

Se você não se conforma com a inexistência de um bom museu da imigração no Brasil, vá ver a Ellis Island, a ilha em que os imigrantes ficavam de quarentena assim que chegavam a Nova York, ao lado da Estátua da Liberdade. Bem montado e com rica documentação, provoca emoção e estimula a reflexão. A enorme foto de judeus e italianos organizando uma greve no início do século XX, com cartazes em suas línguas de origem, é de uma força arrebatadora.

Finalmente, mas não em último lugar, lembraria o Museu do Prado e o Rainha Sofia, em Madri. O painel *Guernica*, de Picasso, exposto neste último, já vale a visita. E ainda o Museu de Antropologia na Cidade do México. Embora defendendo a polêmica tese de que os espanhóis foram culturalmente derrotados pelos astecas, é fascinante ao historiar os sucessivos povos que antecederam os atuais habitantes da região.

Dicas para a visita a um museu

- Não se assuste, nem se impressione com a dimensão dos grandes museus. Prepare o seu roteiro com antecedência e não se deixe dispersar. Tenha personalidade e, na volta, assuma que não viu tudo, mas viu bem.
- Use roupas e calçados confortáveis. Não corra o perigo de ganhar um calo ou uma bolha com sapatos inadequados. Museu não se vê em minutos, deixe o salto alto para o teatro.
- Sempre que houver esse serviço, deixe casacos na rouparia. Informe-se sobre fotografar no museu. As regras variam, e não fica bem bancar o espertinho.

- Faça um lanche no museu. Você descansa as pernas, tem tempo para conversar sobre o que já viu e ganha fôlego para o que resta. E mais ainda, vê gente do mundo todo.
- Informe-se sobre as exposições temporárias. No Tate Modern , em Londres, vi a mais completa retrospectiva de Edward Hopper já feita. No Museu D'Orsay, uma instigante exposição temática sobre os pós-impressionistas.
- Alguns museus oferecem oficinas, cursos, promovem desde visitas guiadas até atividades artísticas para a família inteira. Se ficar em alguma cidade mais do que um par de dias, vá atrás.
- Presentes comprados em museus drenam recursos para eles, além de denotar cultura e classe por parte do comprador.
- Se você ainda não pôde conhecer nenhum museu ao vivo, nada impede que faça uma visita virtual a vários deles. Alguns propiciam verdadeiros tours via internet, outros colocam à disposição do "navegador" a reprodução digital de obras importantes, com os devidos comentários. Mesmo o Hermitage, de São Petersburgo ou o Museu de Israel, de Jerusalém, permitem um passeio magnífico em inglês. Como as exposições podem variar, coloco à disposição do leitor apenas os endereços gerais dos museus, para que cada um busque o que deseja, segundo seus interesses. É verdade que uma visita virtual benfeita vale mais do que um passeio apressado, mas por que não unir as duas coisas, assim que possível? Abaixo os endereços:

  Museu de história natural, Nova York - http://www.amnh.org/

  Museu do Louvre, Paris - http://www.louvre.fr

  Museu Britânico, Londres - http://www.britishmuseum.org/

  Metropolitan, Nova York - http://www.metmuseum.org/

  Hermitage, São Petersburgo - http://www.hermitagemuseum.org/

  Museu do Prado, Madri - http://www.museodelprado.es/

  Rainha Sofia, Madri - http://www.museoreinasofia.es/

  Museu do Vaticano - http://mv.vatican.va/

  Picasso, Paris - http://www.musee-picasso.fr/

  Van Gogh, Amsterdam - http://www.vangoghmuseum.nl

  Museu de Israel, Jerusalém - http://www.english.imjnet.org.il/

  Museu Nacional de Antropologia, Cidade do México - http://www.mna.inah.gob.mx/

  Museu de Altamira, Santillana del Mar - http://museodealtamira.mcu.es/

  Museu D'Orsay, Paris- http://www.musee-orsay.fr/

  Galleria degli Uffizi, Florença - http://www.uffizi.com/

  Museu da Imigração, Ellis Island, Nova York - http://www.ellisisland.org/genealogy/ellis_island.asp

CONHECER
AS REGRAS SOCIAIS

Como se comportar

Célia Leão

Alguém já definiu etiqueta como a "pequena ética", ou seja, a ética do cotidiano. Faz todo sentido. A etiqueta é um conjunto de regras criadas a fim de que a interação entre os seres humanos aconteça dentro de princípios que prezem o respeito mútuo. Afinal, as regras existem para que convivamos de maneira cordial ou, no mínimo, mais civilizada. E, também, para que fique claro até que ponto eu posso agir sem ferir o direito alheio.

Talvez, em seu apogeu como código de conduta, na França do século XVII, na Versalhes de Luiz XIV, a etiqueta fosse usada como um diferencial no comportamento da nobreza e das classes privilegiadas em relação ao restante da população. Hoje, isso não faz mais sentido. É tempo de revermos conceitos e percebermos que, mais do que nunca, se todos nós usarmos as regras de cortesia mais frequentemente, a vida em nossas cidades poderá se tornar bem menos desconfortável.

Isso vale para o trânsito caótico das grandes metrópoles, para as pressões do mundo do trabalho, para o uso dos transportes coletivos e lugares públicos como cinemas e restaurantes, para a vida em condomínios de casas e apartamentos. Se cada um observasse as pequenas regras da convivência harmônica, a vida com certeza seria mais agradável de ser vivida. Falar de etiqueta, portanto, nada tem a ver com esnobismo ou afetação.

O assunto é extenso, mas aqui veremos algumas orientações que certamente farão de você uma presença mais bem-vinda, um profissional que sabe zelar e vender bem sua imagem, enfim, um ser humano mais admirável. Vale adotá-las para uma vida mais prazerosa, tanto para você quanto para aqueles com quem você convive.

De modo geral, as pessoas associam a elegância ao *ter*. Esqueça. Elegante é *ser*: ser adequado, ser simples, ser culto, ser sensível, ser informado, ser íntegro, ser ético. Investir nestes atributos depende única e exclusivamente de nós mesmos. Não necessariamente a caneta caríssima, a bolsa de grife e o carro importado fazem de você um ser humano elegante – nem adequado.

Cumprimentos

Cada país tem seu *modus operandi*, mas existem algumas regras que, geralmente, podem ser adotadas de maneira universal. Apertos de mão, por exemplo, devem sempre acontecer da pessoa com a primazia no cumprimento. Ou seja, a mulher estende a mão para o homem, o mais velho estende a mão para o mais jovem, o superior hierárquico na empresa estende a mão àquele abaixo de si na hierarquia.

Guarde os beijos para quando estiver cumprimentando pessoas de sua intimidade: não se beija alguém a quem você acabou de ser apresentado. Beijos são igualmente inadequados em cumprimentos de nossa vida profissional. Ao ser apresentado a uma outra pessoa, evite a conhecida expressão "Muito prazer!" – ela soa falsa. Limite-se a um simpático "Como vai?" e, na despedida, se o contato foi realmente um prazer, use a expressão "Foi um prazer conhecê-lo". Expresse, porém, o seu prazer ao ser apresentado a alguém que é uma figura pública: um artista que você admire, um grande escritor, enfim, pessoas que você conhece por suas obras e trabalhos. Nesse caso, usa-se a expressão "Prazer em conhecê-lo pessoalmente!".

O homem jamais cumprimenta quem quer que seja sentado: em qualquer circunstância, ele deve sempre se levantar. A mulher, socialmente, só se levanta ao cumprimentar um idoso, uma autoridade política ou religiosa – as demais pessoas, ela cumprimenta sentada. Mas lembre-se: na vida profissional, mulheres e homens levantam-se sempre, em qualquer circunstância, ao cumprimentarem quem quer que seja.

> "As coisas chegaram a tal ponto hoje em dia que, se um homem abrir a porta para você passar primeiro, ele deve ser o porteiro."
>
> Mae West

Conversação

Saber ouvir é virtude de pessoas elegantes: fale, mas saiba dar chance para que outros o façam também. Aliás, ouvir é virtude de pessoas elegantes – e inteligentes. Já pensou no quanto se pode aprender ao termos o privilégio de conviver com quem conhece mais que nós sobre variados assuntos?

Esteja sempre atento ao seu tom de voz: que ele não seja baixo demais que acabe por causar desconforto em quem conversa contigo, nem alto demais que irrite seus interlocutores e as pessoas que ocupam o mesmo espaço que vocês.

Nos dias de hoje, o profissional que não domina idiomas têm inúmeros pontos contra si mesmo na carreira. E a observação se faz valer a todas aquelas pessoas que valorizam o conhecimento – com o advento da internet são muitas as informações às quais podemos ter acesso, sem custo algum, muitas vezes, se investirmos no domínio de idiomas. E, além disso, espera-se de alguém que preza sua imagem o domínio absoluto da língua materna: erros de português – gramática e ortografia – fazem estragos irremediáveis em sua imagem. Não existe elegância que resista a isso.

Fofocas e reclamações também são práticas que se opõem radicalmente aos hábitos de pessoas elegantes: fuja disso como, dizem, o diabo foge da cruz. Palavrões e excesso de gírias também não devem fazer parte do dia a dia verbal de uma pessoa que zela por sua imagem e por suas atitudes. "Senhor" e "senhora" são pronomes de tratamento que não necessariamente sinalizam acharmos alguém mais velho. São as formas de tratar adequadas ao nos dirigirmos a pessoas com as quais não partilhamos intimidade. Faça uso deles até que o outro nos peça que sejamos menos formais. E lembre-se de encontrar sua forma elegante de pedir licença para poder tratar o outro de maneira mais informal.

> "Os charmosos dominarão o mundo."
>
> Oscar Wilde

Convites

É impressionante como nós, no Brasil, precisamos urgentemente aprender a lidar com os convites que recebemos e os convites que fazemos. Todas as vezes que recebemos um convite que pede confirmação de presença, devemos fazê-lo. E o correto é que o façamos o mais rapidamente possível, por mais que na solicitação de confirmação de presença você tenha uma data-limite. Quem o está convidando precisa dessa resposta a fim de organizar seu evento da maneira mais agradável possível – o beneficiado é sempre o convidado, ou seja, nós mesmos, embora nem sempre tenhamos sensibilidade para percebê-lo.

Caso sua presença ao evento em questão não seja possível, mesmo assim, decline do convite que lhe foi feito de maneira explícita. Se o convite lhe foi feito por cartão, escreva um agradecimento como resposta e justifique sua ausência. Se o convite lhe foi feito via e-mail, justifique da mesma maneira. A regra diz que é da mesma maneira que fomos convidados que devemos declinar do convite. Nunca é demais lembrar aqui que um convite feito a você jamais deve ser estendido à outra pessoa que não foi convidada. Somente autoridades podem enviar representantes em seu lugar.

Em sua vida social, a melhor maneira de retribuir um convite que lhe tenha sido feito é fazendo um outro convite. A vida incumbe-se de excluir aqueles que têm a atitude egoísta de jamais retribuir os convites que recebe: foi convidado por amigos para um jantar na casa deles? Retribua convidando-os à sua casa. Recebeu um convite para hospedar-se por uns dias em casa de parentes e amigos? Retribua convidando-os para um jantar num restaurante durante sua estada.

É absoluta falta de educação insistir em convidar pessoas que, por motivos que somente lhes dizem respeito, declinaram de nosso convite por mais de três vezes. Respeite as escolhas e preferências de convivência dos outros, da mesma forma que você gostaria que as suas fossem respeitadas. Por fim, nesse quesito, há uma regra de ouro: quem convida, paga. Se partir de você o convite para levar amigos a determinado restaurante, a despesa corre por sua conta. Quando convido, eu pago; mas quando combinamos de ir juntos a determinado local, as despesas podem ser divididas.

Um último lembrete: o atraso é falha imperdoável e não deve nunca, em tempo algum, fazer parte do hábito de alguém que se queira elegante. Atrasar é não respeitar o tempo dos outros, é demonstrar pouca importância ao compromisso assumido, é uma atitude egoísta e que demonstra ausência de polidez e de preocupação com os demais. E, exceto por aqueles fatores inesperados e que, absolutamente, independem de nós, seu atraso será sempre sinônimo de imperdoável falta de educação.

Como se comportar em eventos públicos

Concertos, cinemas e teatros

- Seja sempre pontualíssimo.
- Evite este tipo de compromisso caso esteja com tosse ou extremamente gripado: seu problema de saúde pode atrapalhar os demais espectadores.
- Mantenha seu celular desligado durante todo o tempo em que o evento durar.
- Não converse durante a exibição da peça ou durante a execução das peças musicais: comentários devem ser feitos durante o intervalo ou à sua saída.
- Lugar de lanche é a lanchonete: cuidado para não exagerar com doces, balas e etc.
- Num concerto, a hora certa de aplaudir é o momento em que o maestro que o rege vira-se de frente para a plateia. Lembre-se de que pode haver um intervalo de segundos entre um movimento e outro de uma peça musical.

Lançamento de livros

- Compareça, compre o livro e poste-se, junto aos demais, na fila para que o autor possa autografar seu exemplar. Por mais que o autor seja seu amigo, jamais peça a ele um exemplar gratuito, porque isso é sinônimo de falta de vontade de prestigiar a obra lançada e demonstra claramente sua vontade de fazer-se valer de relacionamentos para benefício próprio.
- Sirva-se de uma taça de vinho ou uma dose de uísque a fim de brindar o sucesso daquele lançamento. Não beba demais e nem permaneça infinitamente ali, porque o evento não foi organizado com essa finalidade. A ideia é que você compareça, prestigie o lançamento da obra, brinde ao sucesso do autor e... sua missão ali já foi cumprida.

Vernissage

- Por mais que o estilo do artista o desagrade ou não o sensibilize, deixe para externar suas opiniões quando já não mais estiver no recinto do *vernissage*.
- Obras de arte, em sua maioria, devem (e são) apreciadas a uma certa distância. Assim, num *vernissage* ou em qualquer outra exposição de arte, não toque nas obras e jamais cruze à frente de pessoas que estiverem paradas diante de uma tela apreciando-a. É falta de educação.
- Vale também para os *vernissages* a regra dos "s": surgir, saudar, sorrir e sair.

Um pouquinho de etiqueta corporativa

Lembre-se sempre de que, numa entrevista de emprego, seu interlocutor está em casa e vai avaliar você segundo padrões e diretrizes que ele domina e você desconhece. Por isso, prepare-se o mais possível para ela. Tenha na ponta da língua a pronúncia e a grafia corretas da empresa da qual você quer fazer parte. Estude também o ramo de negócios da empresa, sua posição no mercado e os produtos e serviços que ela presta e oferece.

Saiba vender-se bem: seu nível de escolaridade, suas experiências anteriores, especializações, a razão pela qual quer ser parte desse time e o que você pode agregar à empresa. Mentiras têm pernas curtas: não crie, não invente e nem mencione nada nem nenhum assunto sobre o qual você não tenha absoluto domínio.

Vista-se de acordo com o nicho de mercado em que a empresa atua: ambientes mais conservadores pedem um visual mais clássico (mercado financeiro, o mundo jurídico), ambientes mais descontraídos e criativos pedem um visual mais de acordo (empresas da área de comunicação, *marketing* e propaganda etc.). Caso não consiga decidir por si mesmo, a sinceridade é a melhor técnica: pergunte a um funcionário da área de Recursos Humanos dessa empresa qual é o código de vestimenta adotado por eles.

Sorria ao cumprimentar as pessoas e não demonstre, através de gestos, suas ansiedades e inseguranças. Esteja certo em estar perdendo pontos ao roer unhas, balançar as pernas de forma descontrolada, mexer-se demasiadamente na cadeira etc. Seja pontual e converse com quem lhe entrevista sempre olhando nos olhos e treine para responder de forma objetiva a todas as perguntas que lhe forem feitas. As empresas e as pessoas valorizam aqueles que sabem valorizar o tempo do outro.

Dez mandamentos da etiqueta no trabalho

- Cumprimente a todos os que cruzam seu caminho pela manhã: do segurança ao presidente, todos merecem e têm de ouvir um bom-dia vindo de você – cumpra sua parte, mesmo que seus colegas não o façam.
- Seus problemas pessoais devem ser mantidos fora do ambiente profissional. Todos temos problemas, mas seus colegas ou a empresa não têm obrigação de partilhá-los com você.
- Não atrapalhe o rendimento de outros sob o pretexto de lhes contar o último capítulo da novela ou descrevendo o restaurante onde você jantou na noite anterior.
- Um ambiente de maior informalidade não o autoriza a passar dos limites em sua relação com os superiores. Jamais perca a noção exata de distância que deve haver entre eles e você.
- Levante-se de sua cadeira todas as vezes que receber a visita de algum superior hierárquico.
- Não deixe de expressar seu desacordo, mesmo que seja com seu chefe. Mas enfatize os pontos positivos que existem na opinião dele e, feito isso, munido de argumentos que sejam fortes e tenham lógica, expresse sua opinião.
- Todas as vezes que um telefonema partir de você, lembre-se: espera na linha quem fez o chamado. Somente o presidente da República e o Papa não esperam por ninguém ao telefone.
- Não seja mal-humorado, não discuta sempre toda e qualquer ordem recebida, não reclame a toda hora de tudo e de todos. Desenvolva a tolerância porque dela depende a boa impressão que você pode causar aos seus colegas de equipe, superiores, clientes e visitantes.

- Se você é o chefe, trate a todos com respeito, seja o mais pontual entre os funcionários, esmere-se em seu visual, use o mais possível o pronome "nós", seja comedido, ético e íntegro. Lembre-se de que, mais do que com palavras, as pessoas lideram e gerenciam através de seus próprios exemplos.
- No dia em que se desligar da empresa, deixe aberta a possibilidade de um dia poder voltar. Não denigra chefes e colegas, não fale mal da empresa. Do contrário, será malvisto, pois apenas um profissional incompetente e sem chances de se recolocar no mercado permanece tanto tempo numa empresa com tantos defeitos.

À mesa

É nos pequenos detalhes que se descobre quem é quem. Em um restaurante *self-service*, por exemplo, evite empanturrar o mesmo prato com alimentos e temperos de procedências diferentes, que não combinam entre si. Fique tranquilo. Toda aquela variedade de comida está ali à sua inteira disposição, mas decida-se por algumas e, caso queira provar da carne e do peixe, por exemplo, sirva-se deles separadamente.

É preferível que você se levante várias vezes e repita a porção do que protagonizar aquele verdadeiro show de horror de pratos cheios além da conta. Repetir não é deselegante, mas fazer um prato imenso mostra voracidade e é extremamente feio. A mesma regra vale para as sobremesas.

Tente começar servindo-se por aqueles alimentos de sabor mais leve. As carnes brancas devem ser ingeridas antes das carnes vermelhas e da caça, para que nenhum alimento de gosto mais acentuado não permita a você saborear aquele mais delicado ou mais leve.

Coloque na boca sempre pequenas porções, pois seja numa refeição de negócios, seja num almoço em família, é dessa forma que você, além de alimentar-se, vai poder conversar e trocar ideias com aquelas pessoas com quem você decidiu partilhar a refeição. E, já que falamos de conversa, que à mesa ela seja leve e divertida. Não se mencionam tragédias, doenças, assuntos polêmicos e nada que possa causar mal-estar entre as pessoas sentadas à mesa com você.

Dez mandamentos da etiqueta à mesa

- Se algum dos alimentos que lhe foi servido o desagrada, não teça comentários: separe-o com discrição e deixe-o num canto de seu prato.
- Corte com a faca em sua mão direita e use o garfo em sua mão esquerda para levar à boca o alimento. Se isso lhe for mais cômodo, corte usando a faca em sua mão direita, repouse-a na borda do prato e transfira o garfo para a mão direita. Exceto para os canhotos, é deselegante cortar com a faca na mão esquerda e levar o alimento à boca com o garfo na mão direita.
- Segure sempre sua taça pela haste: é bonito de se ver e muitas vezes mais confortável de se beber. Taças de degustação são seguradas por suas bases; o cálice do conhaque é segurado pelo bojo.
- Jamais fale com a boca cheia.
- Não empunhe seus talheres como se estivesse praticando esgrima: descanse-os em seu prato todas as vezes que não os estiver utilizando.
- Não beba demais, não seja voraz: o comedimento e o bom senso são características dos elegantes.
- Refrigerantes e sucos acabaram por fazer parte do dia a dia informal de todos nós. Mas não se esqueça de que, em um bom restaurante, as bebidas corretas para acompanharem uma refeição são os vinhos. E água.
- Mãos e braços à mesa não devem se agitar tal qual bandeirolas ao vento. Apoie sempre os punhos na beirada da mesa enquanto estiver sentado, não gesticule com as mãos e nem afaste muito os cotovelos de sua linha da cintura.
- Vigie-se a fim de nunca, em tempo algum, fazer barulhos com a boca ao tomar sopa, café ou chá. Não mastigue ruidosamente ou com a boca aberta.
- Palitos à mesa? Nem pensar!

Como receber

Mara Salles

Arrumar pretextos para reunir pessoas em torno de uma mesa, sejam as de casa ou convidadas, e com elas compartilhar uma boa bebida e uma boa comida, além de prazeroso, é um grande exercício de civilidade. Estender a toalha, distribuir os pratos e os talheres nomeando-os como se fossem eles os próprios membros da família, dispor do lado direito os copos, os guardanapos impecavelmente dobrados, acertar o ângulo da luz sobre as flores compondo o cenário para a chegada dos convidados, todos esses são gestos plenos de afeto. A comida sempre chega em boa hora: cheirosa, quentinha, farta, esfumaçante. O apetite é desperto e qualquer animosidade se apazigua neste momento sagrado onde o homem se alimenta em companhia dos seus.

Os segredos da boa comida

O primeiro passo para quem deseja se iniciar nos segredos da boa mesa é conhecer um pouco a natureza dos ingredientes. Eles têm seus caprichos e seus princípios, que devem ser respeitados. Escolhem lugares confortáveis para se multiplicar, não gostam de aparecer fora de hora e se enfurecem quando roubam-lhes suas crias antes da maturidade. Por isso, tanto em casa quanto fora de casa, privilegie os ingredientes da época. Os frutos serão mais doces, os peixes serão mais frescos e, não menos importante, o preço será sempre melhor. Vangloriar-se de ter um canal para conseguir camarões frescos no período em que sua pesca está suspensa é, além de prepotência, politicamente incorreto e, com o perdão do termo, uma grande burrice, pois decreta a escassez futura do produto na mesa de todos.

Conhecer a comida de um povo é a melhor maneira de compreender sua história, sua geografia e sua cultura. O tucupi, por exemplo, líquido extraído da mandioca, exótico molho de herança indígena, só tem qualidade se for da região amazônica, porque o clima, as características do solo e da vegetação dali favorecem o desenvolvimento da mandioca brava, que dá ao ingrediente a acidez precisa, o que não é possível conseguir com nenhuma outra mandioca produzida em outra parte do Brasil ou de qualquer lugar do mundo. Da mesma maneira, viajando pelo sertão, não vá criar encrenca num restaurante só porque ele não oferece uma simples salada de folhas. O calor ali nem sempre as deixa vingar. Substitua o prato, relaxe e deleite-se com a carne de sol lambuzada em deliciosa manteiga de garrafa, acompanhada da saborosa macaxeira.

Segundo dizem, a expressão "banho-maria" seria uma alusão à alquimista Maria, supostamente irmã do bíblico Moisés. Teria sido Maria a inventora do processo de cozinhar lentamente um alimento dentro de um recipiente mergulhado em água fervente. Mas há quem prefira a hipótese de que se trata de uma referência à Virgem Maria, pois o termo evocaria "o mais doce dos cozimentos".

Os franceses comem em etapas, os japoneses em pequeninas e variadas porções. No dia a dia, americanos das metrópoles se satisfazem com qualquer coisa, comem em qualquer lugar, na rua, nas mesas de escritório. Nós gostamos do vigor e da mistura: o arroz misturado ao feijão, do ladinho a farofa, o ovo sobre o bife. Comer assim não é melhor ou pior que os hábitos dos outros povos. É apenas o nosso jeito particular de comer, que reflete o caráter de nosso povo saborosamente mestiço.

Renegar nossas raízes significa fechar os olhos para nossa identidade. Portanto, nunca deixe de servir uma moqueca na panela de barro por julgar o recipiente pouco nobre – ou porque destoará do *foie gras* servido em base de prata na entrada. Pelo extraordinário poder de retenção de calor que o barro tem, essa é a panela perfeita para conservar a temperatura à mesa, sem contar com o entusiasmo que despertará nos afoitos comensais à volta do borbulhante prato, cheio de vida, história e significado.

Receber: mais afeto e menos afetação

Preparar pessoalmente a comida quando se recebe alguém é simplesmente o máximo. Antes de comprar ingredientes caros ou da moda, comece pensando em um cardápio que seja apropriado ao clima local e que possa, mais do que impressionar, agradar aos convidados. Tenha muito cuidado na compra do ingrediente; se este tiver boa qualidade, as chances de sucesso aumentam muito.

Testar uma receita nova neste dia pode ser desastroso. Aproveite a oportunidade para mostrar aquilo que você sabe fazer melhor. O bolinho tirado do livro de receitas da vovó, que você domina tão bem, pode ser uma surpreendente entrada. Lembrar, por exemplo, que um dos convidados, por recomendação médica, não pode tomar vinho, e preparar especialmente para ele um suco de carambola com maçã, certamente vai deixá-lo mais feliz e saudável. Aliás o conceito original de restaurante na França era exatamente este: um lugar que promovesse o restabelecimento da saúde das pessoas que tivessem ou estivessem com alguma deficiência física ou espiritual.

Massas ou risotos precedidos de uma boa salada de verdes variados, com um molho especial à base de mostarda ou balsâmico, pode até parecer lugar-comum, mas resolve qualquer impasse de última hora. São apreciados pela grande maioria das pessoas, relativamente fáceis de preparar e nunca saem de moda.

> "Os animais pastam, os homem comem, mas apenas o homem de espírito sabe comer."
>
> Jean Anthelme Brillat-Savarin

Com tempo para organizar, é claro, tudo fica melhor. Oferecer um jantar ou almoço, por pequeno que seja o grupo, requer planejamento. As tacinhas de sorvete da casa serão suficientes para o número de convidados? Em nossa geladeira vai caber toda a bebida ou terei de usar a do salão de festas? Vou ter de pedir para a empregada fazer um extra? Será que não é melhor preparar o molho de véspera para não congestionar o fogão? Pense em tudo, seja precavido, para no dia só desfrutar.

Para o *menu*, a palavra é equilíbrio: se o prato principal é vigoroso, como, por exemplo, um lombo à mineira ou um cabrito guisado, pegue leve na entrada e na sobremesa. Principie com legumes tenros, como abobrinha e berinjela, grelhados. Corte-os em lâminas, tempere com sal, azeite, vinagre balsâmico e alecrim fresco, passando-os rapidamente em chapa ou frigideira de ferro bem quentes. Se, ao contrário, for um peixe ou um franguinho de molho leve, compense com uma entrada mais contundente. No inverno, caldinhos de feijão, de frutos do mar ou sopas, como a de cebola, sempre caem bem. No verão, que tal um cuscuz paulista?

Frutas podem ser trabalhadas *in natura* e se transformar em sobremesas bem originais. Por que não aproveitar as tão abundantes mangas e batê-las em liquidificador com sorvete de maracujá ou de creme, servidas em belas taças e finalizadas com uma ponteira de hortelã? Os caquis, bem maduros, devem simplesmente ser passados por uma peneira (não no liquidificador), despejados em tigelinhas e decorados com bagos de pinha ou atemoia, que frutificam na mesma época.

Para o dia a dia, o trivial pode ser menos enfadonho se você não tiver medo de ousar. Juntar algumas sobrinhas e fazer mexidinhos evita desperdício e, com um pouco de critério e dedicação, podem ficar supimpas. Uma solitária abobrinha perdida no fundo da gaveta da geladeira e uma panelinha de arroz de ontem farão um belo casamento se você ralar na parte grossa do ralo apenas a casca verdinha da abobrinha, colocá-la em azeite quente com um dentinho de alho (não mais que um minuto) e, ali mesmo, agregar e aquecer o arroz. A abobrinha *al dente* deixará o prato crocrante. Improvise uma saladinha para acompanhar e está pronto. Delicie-se.

Dez dicas para uma boa cozinha

- Mantenha ervas como manjericão, sálvia, cebolinha, coentro e alecrim em vasinhos ou no seu quintal. Na prateleirinha de condimentos, sempre: orégano, canela, cravo, pimenta-do-reino, pimenta curtida, shoyu, um bom azeite, vinagres comum e balsâmico.
- Nunca deixe faltar no *freezer* caldos de frango, de carne ou de peixe, feitos com capricho em casa. Eles geralmente são de preparos demorados e, se prontos, podem agilizar o preparo de um risoto, uma sopa ou um molho.
- Mantenha permanentemente em sua geladeira: alho, cebola, tomate, pimentão, batata, manteiga e pelo menos um tipo de queijo.

- Nunca deixe faltar em sua despensa: óleo, arroz, uma massa seca, extrato de tomate ou tomate pelado, alguma conserva como atum, azeitona ou picles e uma compota.
- Mantenha na sua fruteira: limão, uma frutinha pequena (para comer sem descascar) e uma fruta para suco.
- Tenha uma panela grande e robusta e ao menos duas facas bem afiadas: uma maior para carnes e uma menor para legumes.
- Bons caldos são sempre produzidos com partes menos nobres dos animais: pés, asas e costelas de aves são imprescindíveis. Costela bovina e músculo fazem os melhores caldos de carne; para os peixes, cabeça e espinha.
- Tenha sempre estoque de gelo e um mínimo de cerveja gelada.
- Guarde as garrafas de vinho deitadas em lugar fresco, sem muita umidade ou incidência de luz.
- Evite fazer compra de legumes, peixes ou verduras na segunda-feira, invariavelmente são as sobras do final de semana.

As bebidas

Cerveja, sirva sempre bem gelada. No verão, geladíssima. Vinho, engana-se quem pensa que só os brancos podem e devem ser resfriados. E lembre-se: ostentar no seu bar um monte de garrafas abertas de destilados é algo bem *démodé*. Guarde ali os clássicos: vodca, uísque, um Porto, vermute, um bom conhaque, algumas boas cachaças, um licor e mais uma ou outra bebida que aprecie ou que está reservada para aquele amigo do peito.

Por falar em cachaça, foi-se o tempo em que ela era sinônimo de bebida pobre. Evitar o que é bom só porque é popular, isso sim é que é uma pobreza. Assim como as outras bebidas, as cachaças vão das mais ordinárias às espetaculares. As mineiras, particularmente de Sallnas, são as melhores. Nessa região, um tipo particular de solo propicia a produção de cachaças com muita qualidade.

Se for preparar uma caipirinha, não precisa se empenhar em usar uma cachaça especial. Uma boa cachaça faz a caipirinha ficar mais gostosa, mas ela não deve ser envelhecida (aquelas amareladas). O segredo da caipirinha está, além da óbvia necessidade dos bons ingredientes, no jeitinho de prepará-la. Parece fácil, mas se não tiver capricho, não culpe a "marvada" pinga pelo mau resultado.

Para fazer uma boa caipirinha

Ingredientes

¾ de um limão-taiti (já que o tradicional galego anda sumido);
1 colher (sopa) rasa de açúcar;
4 cubos de gelo picados;
cachaça suficiente para completar o copo.

Preparo

Corte o limão ao meio no sentido longitudinal (com a casca), faça um sulco na parte central do limão, elimine a fibra branca e corte em tiras não muito finas em formato de meia lua. Coloque os ingredientes no próprio copo onde vai ser servida a caipirinha e siga os seguintes passos:

1. Machuque o limão com o açúcar com um socador, de forma delicada, sem esfacelá-lo.
2. Coloque o gelo picado.
3. Despeje devagarzinho a cachaça sobre o gelo.
4. Mexa com cuidado, a partir do fundo, e sirva imediatamente.

Sua majestade, o vinho

O vinho está se tornando cada vez mais habitual no Brasil. Não dá mais para pensar em qualquer reunião sem que ele esteja presente. Mas há alguns parâmetros para escolher um bom vinho, adequado para a situação, de custo/benefício favorável e compatível com o cardápio que você está oferecendo.

Por isso, escolha o vinho com paciência. Considere sempre o clima e o tipo de comida que irá servir. Em princípio, todas as comidas podem ser acompanhadas por vinhos, até as mais simples como o torresminho e a galinha caipira. O desafio é encontrar o vinho que combine com os pratos, respeitando o princípio de equilíbrio, para que um não sobrepuje ou desvalorize o sabor do outro.

"O vinho é prova constante de que Deus nos ama e nos deseja ver felizes."

Benjamin Franklin

A função do vinho no acompanhamento da comida é valorizar o prato, auxiliar na digestão do alimento e proporcionar maior prazer, além, é claro, daquela tonteirinha gostosa que dá. No verão, opte pelos vinhos mais leves, que podem ser brancos ou tintos menos encorpados. No inverno, os tintos de mais corpo caem melhor. Não se deixe levar pela velha e imprecisa ladainha de que vinho branco acompanha somente peixes, e tintos, as carnes. Esse princípio se aplica a alguns casos, mas não é necessariamente e nem sempre verdade.

Existem tintos pouco encorpados, frescos e de baixo teor alcoólico, que combinam muito bem com carnes brancas, como os da uva italiana Grignolino. Do mesmo modo, existem *chardonnays* (o mais encorpado dos brancos) que têm estrutura para acompanhar muito bem as carnes de porco e alguns petiscos ou pratos mais vigorosos, como o torresmo. Muitos *sommeliers* afirmam inclusive que o melhor acompanhamento da feijoada é um espumante, pelo seu frescor e pelo poder de neutralizar a gordura.

As uvas e os vinhos

- *Cabernet Sauvignon* – Produz vinhos finos e encorpados, de cor bem escura e profunda. É combinada com outras uvas para amenizar seu buquê extremamente marcante.
- *Carménère* – No início do século XVII, a Carménère era a uva mais cultivada da região de Bordeaux, na França. Hoje, quase completamente abandonada nesta região, está conhecendo grande sucesso no Chile, onde são produzidos vinhos de bom corpo, estruturados, ricos em aromas frutados e com bom equilíbrio entre grau alcoólico e frescor.
- *Espumantes* – O Brasil produz hoje alguns dos melhores espumantes do mundo, depois da França e seus champanhes imbatíveis. Portanto, não tenha nenhum pudor em servir um belo espumante nacional para os seus convidados. Eles são muito apropriados ao nosso clima tropical e podem começar a função, que depois pode continuar com um tinto ou um branco, ilustrar um coquetel, uma recepção ou uma festa, e também acompanhar a refeição, pois geralmente são bastante versáteis. O *prosecco* é um espumante italiano, os melhores vêm do Vêneto, são mais leves que os outros espumantes e adequados para encontros informais, onde são servidos apenas petiscos e canapés.

- *Malbec* – Apesar da origem francesa, o lugar onde as uvas Malbec são produzidas com qualidade especial hoje é a Argentina, portanto, além de estar na moda, nada melhor que um bom Malbec argentino, ótimo parceiro das carnes vermelhas.
- *Merlot* – Produz vinhos macios, de boa estrutura, aromáticos e de grande elegância.
- *Pinot Noir* – As uvas Pinot Noir deram nome aos grandes vinhos tintos da Borgonha. Hoje, elas mostram toda a sua tipicidade e elegância principalmente nos vinhos produzidos na França, no Oregon (Estados Unidos) e na Nova Zelândia.
- *Sauvignon Blanc* – Os melhores *terroir* (terreno onde a uva é plantada e suas características geoclimáticas) que as uvas Sauvignon Blanc encontram são os da França, do Chile, da África do Sul e da Nova Zelândia. Por isso, se quiser um vinho dessa uva, que é bastante adequado para uma noite quente e para pratos mais frios, como saladas, carne branca grelhada com molhos leves, peixes e frutos do mar, opte por um Sauvignon Blanc francês, sul-africano, neozelandês ou chileno.
- *Tannat* – As uvas Tannat, também de origem francesa, resultam em vinhos mais tânicos e encorpados, e se dão muito bem no Uruguai. Para acompanhar pratos mais gordurosos, como um *confit* de pato, eles são ótimos.

Uma boa dica para a aquisição de vinhos é tentar comprar sempre nos mesmos lugares, evitando supermercados e adegas que, em geral, não têm muito cuidado com as garrafas, manipulando-as de qualquer jeito e colocando-as de forma inadequada nas prateleiras. Procure lojas especializadas (inclusive as das distribuidoras e importadoras de vinhos), onde você tem um atendimento mais personalizado e especializado, uma variedade maior e uma boa relação custo/benefício. Estabeleça e mantenha um vínculo com o atendente ou vendedor, e, com certeza, ele lhe dará preciosas dicas para você impressionar – pela harmonia da combinação e pela qualidade do produto, não pelo preço – os seus convivas.

Algo fundamental na hora de servir o vinho é a sua temperatura. Mesmo que seja um grande vinho, totalmente adequado à situação, se ele não estiver na temperatura ideal pode comprometer a experiência. Os vinhos brancos, você pode deixar por uns quarenta minutos pelo menos na geladeira, próximo ao congelador; os tintos, dependendo do seu corpo, de dez a quinze minutos na parte de baixo da geladeira são suficientes; e os espumantes devem ficar na geladeira, na parte mais próxima do congelador, por pelo menos uma hora. Os espumantes e os brancos devem ser servidos em um balde com gelo e água (mais gelo que água); os tintos, se não estiverem resfriados, coloque também num balde (com mais água do que gelo) durante uns dez ou quinze minutos, dependendo da temperatura ambiente.

A temperatura ideal para cada vinho

Espumantes leves, frisantes, *prosecco*	5°C
Espumantes encorpados, champanhe	7°C
Brancos jovens, leves e frutados	9°C
Brancos encorpados, ricos em álcool	11°C
Rosés, tintos leves	13°C
Tintos de médio corpo	15°C
Tintos encorpados	17°C

As taças onde será servido o vinho também merecem sua atenção. Não precisam ser de cristal da Bohemia, mas repare no formato e no material na hora de comprá-las. O vidro deve ser o mais fino possível. Elas devem ter uma haste generosa para que a pessoa a segure, sem ter contato com o corpo da taça, e não pode ser muito aberta para que os aromas não se dispersem. Em lojas especializadas em vinho, existem também boas taças, mas se você achar que elas são caras, memorize mais ou menos o modelo e compre-as em outro lugar. Acompanhar o vinho com água é sempre importante. Se você tiver jarras de vidro ou de inox, mais charmoso ainda.

Como saber o que vestir

João Braga

Nós nos vestimos muito mais para os outros do que para nós mesmos. Ao escolher uma roupa antes de sair de casa, não estamos apenas optando pelo conforto, pela praticidade ou pela segurança que ela possa vir a nos oferecer. A roupa nos define, diz aos outros quem somos, o que queremos, o que pensamos e até o que gostaríamos de ser. Assim, muito mais do que aprender o que se deve ou não se deve usar em tal e qual ocasião, que tipo de sapato combina com aquela calça ou aquele vestido, precisamos compreender que a roupa não é só uma espécie de autossatisfação, mas também algo que expressa a forma como o mundo nos vê e a forma como vemos o mundo.

A moda é de fato uma forma de expressão não verbal. Ou seja, usar alguma coisa sobre o corpo é comunicar-se sem verbalizar, é dizer algo sem que se emita uma única palavra. Por isso, não se limite apenas a perguntar ao espelho do quarto ou ao do banheiro se você está bem ou mal vestido. São seus hábitos de leitura, suas experiências, seus valores, suas ideias e os lugares que você frequenta que vão definir o seu estilo de viver e de vestir. A sabedoria popular, com propriedade, bem afirma que o hábito faz o monge.

 O chamado "pretinho básico" surgiu em 1926, quando a revista *Vogue* publicou uma ilustração da célebre criação de Chanel. Mas foi realmente na década de 1960 que o modelo tornou-se célebre, ao fazer parte do guarda-roupa obrigatório de Jacqueline Kennedy e aparecer no filme *Bonequinha de luxo*, de 1961, protagonizado pela atriz Audrey Hepburn.

Senta que lá vem história

A palavra *moda* vem do latim *modus*, que significa modo, maneira. Moda, portanto, é antes de tudo um modo, uma maneira, um comportamento, uma atitude, algo que está muito além do universo das roupas, abrangendo diversas formas da produção cultural. Fala-se da música da moda, da arquitetura da moda, do carro da moda, da cor da moda, da dança da moda etc. Falar sobre moda, portanto, é falar de algo que está em vigência, de algo que está – para usar uma expressão que inclusive já saiu de moda – "na crista da onda". É próprio da moda, aliás, que ela seja fugaz, passageira. Não fosse assim, não seria moda.

Pode parecer contraditório, mas a indumentária é quase tão antiga quanto o primeiro homem sob a terra. No livro do *Gênesis*, Adão e Eva, depois de desobedecerem ao Criador e serem expulsos do Paraíso, lançaram mão das folhas vegetais para ocultar suas "vergonhas". A roupa, portanto, pela interpretação bíblica, teria surgido como consequência da descoberta do pudor. Mais tarde, ao cobrirem o corpo com a pele de animais, que nada mais seriam do que presentes de Deus ao homem, os descendentes de Adão e Eva teriam buscado a reconciliação com o sagrado, o que faria da roupa uma bênção para a expiação do erro, por isso repleta de simbologias e esperanças.

De fato, o homem cobriu sua nudez para se proteger contra as agressões externas, como o frio e o ataque de animais. O adorno surgiu da necessidade de o indivíduo se diferenciar, seja entre seus pares, de um mesmo grupo social, seja em relação a indivíduos de tribos distintas. O adorno era também um modo de exibição, de adquirir respeito e prestígio. Cobrir-se com a pele de um animal feroz, pendurar no pescoço e nas orelhas suas garras e presas, era sinal evidente de valentia e coragem.

Os significados podem ter mudado ao longo dos milênios. Mas a roupa continuou a cumprir sua função histórica de distinguir quem a veste. O estilo é o homem, diz-se. O estilo seria algo subjetivo, pessoal, individual. A despeito disso, sabemos que os estilos são, ao mesmo tempo, padrões estéticos inicialmente propostos por alguém. Se a ideia vai sendo aceita e aumenta o número de adeptos àquelas propostas, o estilo passa a ser moda.

Na dinâmica dos tempos e dos termos, a moda, ao marcar um determinado período ou retratar uma época, volta a ser um estilo, quando passa a identificar um gosto, a ser um padrão estético, o retrato de um tempo: daí temos o estilo da década de 1960, o estilo da década de 1980 e por aí afora. Sendo assim, a moda seria a aceitação ou a democratização de um estilo que, diluído de sua essência, atingiu à grande massa.

> "A moda é uma variação tão intolerável do horror que tem de ser mudada de seis em seis meses."
>
> Oscar Wilde

A moda tem um curioso caráter de autodestruição. A cada período de tempo, ela se destrói pra se renovar e, consequentemente, para se manter viva. Ela propõe tendências, mas quando a tendência passa a ser aceita por todos, a moda busca novas propostas e desafios. É um ciclo interminável. Muitas vezes, a novidade nem é tão "nova" assim. É algo reciclado, uma releitura e uma revisita ao passado, distante ou recente.

Não que a moda seja cíclica, como muitos dizem por aí. A melhor imagem para defini-la não é a de um círculo fechado, que dá voltas sobre si mesmo. Talvez uma espiral, que dá voltas sobre o mesmo ponto, mas sempre em um outro plano, mais adiante.

 Qual a diferença entre traje esporte, esporte fino, passeio, traje social e traje a rigor?

- *Esporte* – Traje informal. Para os homens, camisa polo, calça cáqui ou jeans e mocassim. Para as mulheres, vestido simples estampado ou calça e camisa de algodão, linho ou crepe. Para os dois, nada de tênis ou *jogging*.
- *Esporte fino* – É o mesmo que "traje passeio". Para eles, camisa de mangas compridas, *blazer* (opcional), calça social e sapatos de couro. Para elas, um *tailleur* é a melhor pedida.

- *Passeio completo* – É o mesmo que "traje social", roupas formais. Homens vestem terno escuro, gravata, sapatos de couro. Mulheres, vestidos ou *tailleurs* de tecidos "nobres" (sedas, *mousselines*, tafetás, entre outros), joias e maquiagem caprichada.
- *Black-tie* – É o chamado "traje a rigor". Para os homens, *smoking*, sapatos pretos de couro, de amarrar ou de verniz. Para as mulheres, vestidos sofisticados (de tafetá, de *shantung,* bordado, com brilho...), preferencialmente longos, bolsa pequena, salto alto, joia, maquiagem e penteados mais elaborados.

Moda, com cultura e elegância

Vivemos em um tempo em que, no quesito moda, tudo é permitido. Se num passado não muito distante éramos fiéis a um determinado estilo com o qual nos identificávamos, hoje em dia podemos representar diversos papéis pelas roupas que vestimos.

Interpretamos por meio da moda o papel de esportista, o papel de trabalhador, o papel de descontraído, o papel de responsável, o papel de irreverente e tantos outros papéis possíveis quanto as vontades e os momentos permitirem. Percebemos então que a moda atual nos possibilita infinitas identidades visuais para cobrir o corpo.

Todo esse leque de possibilidades pode justamente se tornar um grande problema para pessoas que sentem a necessidade de um direcionamento, de uma orientação de moda, de seguir uma tendência preestabelecida pelos que ditam o gosto, pelo mercado da moda. Para os que gostam de seguir essas regras, esse território livre que a moda se tornou pode ser fonte de profunda incerteza e insegurança.

Ora, incerteza e insegurança são frutos do medo. Medo é falta de conhecimento. Falta de conhecimento é preguiça de acesso à informação. E preguiça, convenhamos, é pecado. Estar na moda hoje é muito fácil. Quem sabe, estar na moda agora seja exatamente não seguir a moda que determina e massifica. Vale a pena você ser o seu próprio criador, o seu próprio estilista ou o seu próprio *personal stylist*.

Ninguém está proibido de usar o que quer que seja, desde que aja com bom senso. A prudência é verdadeiramente uma arte. Se o local não exigir um determinado traje por razões cerimoniais, como, por exemplo, a gala, o luto, a roupa esportiva, o traje folclórico, o uniforme, a roupa cerimonial, o paramento etc., temos liberdade de usar o que bem quisermos. A moda é um exercício de liberdade. Seja criativo. Legitime-se!

Os autores

Eleonora Rosset. Psicanalista, membro-associado da Associação Brasileira de Psicanálise de São Paulo e da Associação Psicanalítica Internacional. Foi vice-presidente da Fundação Bienal de São Paulo.

Moacyr Scliar. Escritor, autor de cerca de setenta obras, entre romance, conto, ensaio, ficção juvenil, muitas premiadas, traduzidas e adaptadas para o teatro, cinema e TV. Médico, especialista em Saúde Pública, professor universitário, membro da Academia Brasileira de Letras, faleceu em 2011.

Daniel Piza. Jornalista, tradutor e escritor. Trabalhou na *Folha de S.Paulo* e na *Gazeta Mercantil*. Foi editor-executivo e colunista de *O Estado de S.Paulo* e também crítico de arte e literatura das revistas *Bravo!* e *Continente*. Escreveu dez livros, entre eles *Jornalismo cultural* e *Perfis & entrevistas*, ambos publicados pela Editora Contexto. Faleceu em 2011.

Júlio Medaglia. Maestro, formado pela Escola Superior de Música da Universidade de Feiburg, Alemanha. Foi um dos fundadores do Tropicalismo e diretor artístico dos teatros municipais de São Paulo, Rio de Janeiro e Brasília, além do Festival de Campos do Jordão e do Centro Cultural São Paulo.

Carlos Calado. Mestre em Artes pela USP. Colaborador da *Folha de S.Paulo*, do *Valor Econômico* e da revista *Bravo!*. É autor de *O jazz como espetáculo* e *Tropicália: a história de uma revolução musical*, entre outros livros. Roteirizou e editou o documentário *O avesso da bossa*.

André Domingues. Formado em Filosofia pela Unicamp. Trabalha como jornalista e crítico musical desde 1999, atuando em veículos diversos, como os jornais *Diário do Comércio* e *Jornal da Tarde* e as revistas *Imprensa*, *Raça Brasil* e *Cultura DO*.

Luciano Ramos. Crítico de cinema do programa *Cinema Falado* na Rádio Cultura. Na TV Cultura, apresentou e dirigiu vários programas dedicados ao cinema, como *Última Sessão de Cinema*, *Imagem & Ação* e *Cine Brasil*. Na Rede Bandeirantes, foi chefe do Departamento de Cinema. Foi crítico dos jornais *Folha de S.Paulo* e *Jornal da Tarde*. Lecionou comunicação em diversas universidades paulistas.

Dalal Achcar. Mestre em balé, coreógrafa, diretora e produtora artística. Foi diretora artística do Balé do Theatro Municipal do Rio de Janeiro e por duas vezes Presidente da Fundação Theatro Municipal do Rio de Janeiro. É diretora da Associação de Balé do Rio de Janeiro, do Ballet Dalal Achcar e membro da Royal Academy of Dance de Londres.

Marialice Pedroso. Arquiteta, urbanista, licenciada em Letras, mestre em História da Arte, doutora em História. Professora de Teoria e História da Arquitetura, Urbanismo e História da Arte e Arquitetura no Brasil na Universidade Paulista, em Sorocaba.

Alberto Guzik. Ator, diretor, dramaturgo, escritor, crítico teatral e repórter. Mestre em Teatro pela ECA/USP. Integrava a Cia. de Teatro Os Satyros. Autor de *TBC: crônica de um sonho*; *Paulo Autran, um homem no palco* (teatro), *Risco de vida* (romance) e *O que é ser rio, e correr?* (contos). Faleceu em 2010.

Dad Squarisi. Professora de Língua Portuguesa e Literatura Brasileira em centros de estudos brasileiros no exterior e no curso de formação de diplomatas do Instituto Rio Branco. Autora do *Manual de Redação e Estilo* do *Correio Braziliense*, jornal do qual é editora de Opinião. Escreveu os livros *Dicas da Dad*, *Mais dicas da Dad*, *A arte de escrever bem* e *Escrever melhor*, todos publicados pela Editora Contexto.

Luiz Gonzaga Godoi Trigo. Professor titular da Escola de Artes, Ciências e Humanidades da USP. Graduado em Filosofia e Turismo (PUC-Campinas), doutor em Educação (Unicamp) e livre-docente em Lazer e Turismo (ECA-USP). Possui dezenas de artigos e livros publicados no Brasil e no exterior. Pela Editora Contexto escreveu *Turismo e civilização*.

Jaime Pinsky. Historiador, escritor, conferencista e editor, doutor e livre-docente em História pela USP, professor titular da Unicamp. Colunista do *Correio Braziliense*. Autor de vasta obra, inclusive dos livros *História da cidadania*, *Cidadania e Educação* e *As primeiras civilizações*, todos publicados pela Editora Contexto, da qual é diretor editorial.

Célia Leão. Responsável há quinze anos por cursos e palestras sobre etiqueta em todo o Brasil para empresas e instituições de variados segmentos do mercado. Articulista da revista *Você s/a*, assessora jornalistas de diversas publicações em todo o país. Autora dos livros *Boas maneiras de A a Z* e *A etiqueta da sedução*.

Mara Salles. *Chef*-proprietária do restaurante Tordesilhas, pesquisadora da cozinha brasileira, professora do Curso Superior de Gastronomia da Universidade Anhembi-Morumbi.

João Braga. Estilista. É professor de História da Indumentária e da Moda em diversos cursos de graduação e pós-graduação em São Paulo.

CADASTRE-SE
EM NOSSO SITE,
FIQUE POR DENTRO DAS NOVIDADES
E APROVEITE OS MELHORES DESCONTOS

LIVROS NAS ÁREAS DE:

História | Língua Portuguesa
Educação | Geografia | Comunicação
Relações Internacionais | Ciências Sociais
Formação de professor | Interesse geral

ou
editoracontexto.com.br/newscontexto

Siga a Contexto
nas Redes Sociais:
@editoracontexto